世界因他们而改变

尼古拉·哥白尼

[德] 约亨·基希霍夫◎著
廖 峻 刘 彦◎译

中国科学技术出版社
·北 京·

图书在版编目（CIP）数据

尼古拉·哥白尼 /（德）约亨·基希霍夫著 ; 廖峻，刘彦译 . -- 北京 : 中国科学技术出版社 , 2024.9.
（世界因他们而改变）. -- ISBN 978-7-5236-0837-1

Ⅰ . K835.136.14

中国国家版本馆 CIP 数据核字第 2024TT6376 号

Nikolaus Kopernikus by Jochen Kirchhoff
Copyright © 1985 Rowohlt Taschenbuch Verlag GmbH,
Reinbek bei Hamburg
Simplified Chinese language edition arranged through Beijing Star Media Co. Ltd., China.

北京市版权局著作权合同登记　图字：01-2024-1984

总 策 划	秦德继
策划编辑	周少敏　李惠兴　崔家岭
责任编辑	关东东　崔家岭
装帧设计	中文天地
责任校对	邓雪梅
责任印制	马宇晨

出　　版	中国科学技术出版社
发　　行	中国科学技术出版社有限公司
地　　址	北京市海淀区中关村南大街16号
邮　　编	100081
发行电话	010-62173865
传　　真	010-62173081
网　　址	http://www.cspbooks.com.cn

开　　本	787mm×1092mm　1/32
字　　数	110千字
印　　张	7.375
版　　次	2024年9月第1版
印　　次	2024年9月第1次印刷
印　　刷	北京长宁印刷有限公司
书　　号	ISBN 978-7-5236-0837-1 / K·403
定　　价	58.00元

（凡购买本社图书，如有缺页、倒页、脱页者，本社销售中心负责调换）

关于本书

哥白尼（1473—1543）彻底改变了我们的世界观。这位天文学家和数学家认为地球围绕太阳旋转，从而为至今仍受到认可的太阳系日心说和天体运动奠定了基础。因此，他成为近代思想的象征人物。近代思想通过"哥白尼式转向"逐渐摆脱了宗教的束缚，进入新的维度。从约翰内斯·开普勒到斯蒂芬·霍金，所有后来的研究者都将哥白尼的见解和学说作为基础。

目 录

第一部分　后哥白尼时代

第 1 章　后哥白尼时代的困境 /003

第 2 章　超越哥白尼 /015

第二部分　无意间引发的革命

第 3 章　哥白尼神话 /025

第 4 章　以地球为中心 /036

第 5 章　日心说的起源 /065

第 6 章　哥白尼革命 /127

第三部分　哥白尼及其影响

第 7 章　哥白尼带来的挑战 /167

第 8 章　机械主义世界观 /177

第 9 章　布鲁诺与哥白尼主义 /187

附录一　哥白尼年表 /199

附录二　人物述评 /206

附录三　注　释 /213

附录四　参考书目 /220

附录五　作者简介 /228

第一部分
后哥白尼时代

第 1 章
后哥白尼时代的困境

  自哥白尼以来，人从中心点的位置滚向未知的虚无。——尼采[1]

  托马斯·曼（Thomas Mann）的小说《浮士德博士》（*Doktor Faustus*）中那位虚构的叙述者塞雷奴斯·蔡特布洛姆（Serenus Zeitblom）属于资产阶级，是一位人道主义者，他记述了自己与好友阿德里安·莱韦屈恩（Adrian Leverkühn）的一场对话，后者以一种异乎寻常的热情概述了现代宇宙学的特性。蔡特布洛姆讶异地发现，莱韦屈恩在思想上已经陷入了"无尽的深渊"，"天体物理学一直在尝试进行测量，结果只是弄出来一堆与人类精神毫不相干，自身却又迷失于其中的理论和抽象概念，完全不为感官所及，说得难听一点，这根本就是无聊透顶"[2]。莱韦屈恩特别重点提及，行星系统在巨大的恒星体系内外广阔空间的整体结构中是如此的微不足道，无足轻重。天文学家计算出的数值缺乏形象生动的特性，在蔡特布洛姆看来，这是对"人类理智发起的攻击"。"我承认，面对这种不可实现的超雄伟超庄严，我的禀性只会促使我作放弃状地，同时也是略表鄙夷地耸耸肩膀……这些关于宇宙的创造的数据就是用数字对我们的知性所进行的一次震耳欲聋的轰炸，其火力装备为一个拖着两打零的彗星的长尾巴，而这些零还会装模作样地摆出一副多少还有点节制和理智的样子。"[3]蔡特布洛姆他本人可"看不出有什么理由非要对这个一百万的五次幂进行顶礼膜拜不可"。[4]最后，出于人道主义者的愤慨，他要求莱韦屈恩"作出下述表白，即所有这些骇人听闻的数字无异于逃向虚无的幽灵，不可能激起人内心对于上帝之壮美的感受，不可能让人得到任何道德上的升华"。"凡此种种，倒更像是鬼话连篇，一派胡言。"[5]莱韦屈恩回答道，"一件有趣的事情是看到"他这位朋友的人道主义，"也许是所有的人道主义，所表现出来的那种中世纪以地球为中心的倾向——显然是必然会表现出来的那种倾向"。"中世纪曾经是以地球为中心和以人类为宇宙中心的……你瞧，你的人道主义是纯粹的中世纪。"[6]①

1975年出版的《浮士德博士》封面

在莱韦屈恩和蔡特布洛姆的争论中，托马斯·曼描绘了后哥白尼时代的困境，即人类在无边宇宙中的陌生感和孤立感，人类无法有意识克服以地球为中心的思想。现代天文学中典型的"逃向虚无的数字幽

---

① 此处译文借鉴了罗炜翻译的《浮士德博士》有关段落。上海译文出版社，2016年。（页下注为译者注，后同）

灵"缺乏地心说的直观性，这被人道主义所蔑视，而自然宇宙最终以其"本原性"（Eigenlichkeit）被认同为科学所宣传的那种宇宙图像。这一等式在意识史中产生作用，一直深入到我们这个时代。人们认为自己已经脱离了存在之域（Seinsbereiche）的身份层级，那是古代和中世纪的地心说世界观所强加给他们的。

正如让·保尔（Jean Paul）所说，"宁静的精神"仿佛已经坠入了"宇宙的巨大磨坊"。[7]中世纪的存在秩序在宇宙学上是可以理解的，因此它代表了一种在俗世中存在的超世俗参考系。人类需要救赎，这一场景居于宇宙的中心，基督教的"救赎"所指向的就是有限世界的唯一性。在认识论上推翻地心说，这通常与哥白尼主义相关，它迟早会导致对人类在宇宙中的地位进行根本性的反思。哥白尼本人并没有看到这种反思的过程，他也不希望如此；他着手从数学上对亚里士多德-托勒密的世界大厦进行改建，但并不是通过革命的暴力行为来摧毁它。尽管他不得不通过星球的大幅膨胀来证明恒星视差的缺失——每颗恒星表现出的圆周运动是地球围绕太阳所作周年运动的反映，但与乔尔丹诺·布鲁诺（Giodano Bruno）所引入的宇宙学那种令人目眩的维度相比，这一做法相对而言是没有什么意义的——在布鲁诺那里，就连恒星系也被认为是一种幻觉。乔尔丹诺·布鲁诺的宇宙无限学说意味着与基督教的彻底决裂（这使得他被作为异端送上火刑架）。哥白尼本人会坚决否定这种想法的可能性。

虚无主义

后哥白尼时代的虚无主义是从教条化和普遍化的牛顿天体力学中得出的世界观认识。在受机械法则支配的原子主义构想的世界中，神性是可有可无的；想想拉普拉斯（Laplace）对拿破仑说的那句关于"上帝假设"的著名回答[①]。此君还从机械-数学的角度对太阳系运动过程进行解释，并在其中发挥了决定性作用，他创造出了一种假想中可怕的"世界恶魔"——能够展现和预测宇宙中所有事件的因果关系。

[①] 传说拿破仑问拉普拉斯，他为什么没有在其关于天体的著作中提到上帝时，这位人称"法国牛顿"的全能科学家的回答是"我不需要这个假设"。

牛顿对机械论在宇宙中的纯粹内在性持保留意见，而笛卡尔派和莱布尼茨则向其展示了其中的不一致之处，牛顿的这一思想很快就被世人遗忘。地球家园与无法掌握、无法衡量的宇宙空间，即绝对空间的可怕空虚二者之间的不相称，消解了人类存在的形而上学的尊严和独特性。即使是不断回溯伽利略、开普勒和牛顿那种新柏拉图式的努力，回溯到爱因斯坦和海森堡身上，也只能揭示一种在哲学上存疑的数学抽象之神学，与之相联系的是，我们只能用数学来理解自然界的统一性。

自 1584 年发表《圣灰星期三的晚餐》（*Aschermittwochsmahl*）以来，乔尔丹诺·布鲁诺以其宇宙时空无限学说激进式地发展了哥白尼主义，片面地提出理性主义在宇宙中无所不在的假设。尽管这种思想在启蒙时代还能够发挥一定的作用，但到了 19 世纪却越来越失去其说服力。

然而，启蒙运动的主流思想家并不是文艺复兴时期伟大哲学家的崇拜者，实际情况倒不如说是恰恰相反。在当时已经产生的科学神话中，哥白尼被赋予了种种革命精神的属性,而要在哥白尼的作品中去找寻这些属性却会是徒劳无功的。哥白尼成为现代思想史的代表人物,他被塑造为勇敢的创新者形象,他英勇无畏地宣扬宇宙真理,反对经院哲学晦暗阴森的教条主义。例如,利希滕贝格(Lichtenberg)等人就明确地表达了这种观点。对于18世纪的人而言,他们不会有雅克·莫诺(Jacques Monod)后来所说的那种人类在宇宙中的"完全离弃感"和"极端陌生感",没有那种"人类是身处宇宙边缘的流浪者""宇宙对人类的音乐充耳不闻,对他的希望、苦痛和罪恶漠不关心"[8]的感受。尽管生命在精神上脱离了机械论理解下的世界体系,强调人的精神超越性起源,但随着人的逐渐"自然化",这种可以追溯到笛卡尔(Descartes)的二元论失去了效力。最

尼采照片

后，达尔文进化论完全否定了形而上学的物种不变论。

现代灵魂和西方虚无主义的伟大诊疗师弗里德里希·尼采（Friedrich Nietzsche）也将哥白尼视为近代意识的代表人物。本文开头提到的对尼采遗著（1885—1886年）的引用与对虚无主义起源的思考有关，尼采在这里谈到了"自然科学的虚无主义结果"[9]，哥白尼是其提出者和出发点。在1887年出版的《论道德的谱系》（*Genealogie der Moral*）中也有类似的说法：

> 人的自我贬低、人的自我贬低之**意志**，难道不正是自哥白尼以后不断加剧的吗？啊！对人的尊严的信仰、对人的唯一性的信仰、对人在生物序列中不可替代性的信仰消失了——人成了**动物**，这不是比喻，人已经不折不扣、没有保留地成了动物。而在他从前的信仰里，他几乎就是上帝（"神子""神人"）……自哥白尼以后，人似乎被置于一个斜坡之上，他已经越来越快地滚离了中心地位。滚向何方？滚向虚无？滚入"他那虚无的**穿透感**"中？……所有科学（绝不仅

仅是天文学，关于天文学所起的诋毁和贬低作用，康德曾经做过非常值得注意的表述："它消灭了我的重要性……"），全部科学……现在都开始劝人放弃他保留至今的自尊自重，好像那自尊自重无非是一种稀奇古怪的自负自大而已。[10]

在这种说法的支持下，人道主义从科学中的退却就可以理解了，正如蔡特布洛姆在《浮士德博士》那篇小说中所说的那样。当科学揭示出完全非人类之事物，无论其是作为现实的形象还是纯粹虚构的东西，沉溺于"荒谬无理"，从而否定了人类形而上学意义上的尊严之时，人道主义精神的"地心"取向就会作为一种坚定的回应而出现。对此需要更为详细的定义，也是为了以必要的清晰度来回应当前研究的问题。

宇宙模型

托马斯·曼在人道主义的旗帜下毫不遮掩地蔑视天文学中的虚无主义"数字幽灵"，这一行为必须放在现代世界观越来越无意义、越来越呈现反生命特征的情况下来进行考量。史蒂文·温伯格（Steven Weinberg）是我们这个时代中领袖级的理论物理学家，也是一部关于"宇宙起源"的数学推理著作的作者，他承认，"宇宙看起来越是容易理解，它就越是显得毫无意义"。同时，他承认这种想法中有那么"一丝不现实"的成分。[11]

数学、自然科学在应用于宇宙时，是否能成功实现类似"现实"的东西，这似乎值得怀疑。经常以数学形式提出的形而上学假设和所谓自然法则的不变性——它们在时间和空间上的绝对不变性——起源于柏拉图与毕达哥拉斯。自伽利略以来，所有抽象的自然科学都基于这一前提，就其本质而言，它是无法证明的。近几十年来，理论物理学家为设计出宇宙的数学模型付出了大量努力，他们主要是基于和延续了爱因斯坦的假设，并已取得显著的广泛影响，这一现象只能通过广为人知的大量普及，特别是在大众媒体上的普及而让大众理解。在这个框架中，相对论和量子论的假设和构想被不加批判地设定为绝对条件，在此过程中很容易混淆与纯科幻的界线。

在数学的抽象世界里,甚至空间和时间也成为变量。人们依然一如既往地深深怀有对科学的普遍信仰,而数学、自然科学早已承担起曾经属于基督教的角色。教会的绝对化要求已经被抽象自然科学的绝对化要求所取代,尽管这一要求并不总是公之于世。到处都是遮蔽住人们视野的教条和禁忌,可证明的部分真理及其技术分支不断被用来使完全无法证明的东西变得具有合理性。严肃的基础批评几乎不会公开出现,相关的专业期刊几乎只发表对既定学说的修改意见。从结构上看,这类似于经院哲学的教条主义。

为了摆脱后哥白尼时代的科学自满情绪,我们最好以高度怀疑的态度来看待抽象自然科学的宇宙模型,不要轻率地把它们与宇宙的"真理"等同起来。在涉及生命整体现实时,即使是对数学、自然科学的认识论方法也应该报以最大程度的不信任。众所周知,自伽利略以来,科学方法论只承认"客观"可量化的东西,否定直接经验,并由此广泛地将其限制于可观察量值,从而构建起一幅不产生内部矛盾的现实图景。当然,生命不再包括在其中。科学方法论还包括数学认知手段的特殊本体化,即数学与客观现实的等同。物理矛盾和不相容性可以通过数学方法加以消除,并被视为"得到解决"。有理由认为,抽象数学看待事物的方式具有反生命的倾向,在物理学家中也一再发生这种情况。正如物理学家赫伯特·皮奇曼(Herbert Pietschmann)最近强调的那样[12],如果自然科学最终是为了构建一个以生命的矛盾而使人类灭亡的世界,那么当把这种看待事物的方法应用在宇宙学时,除了断言宇宙只承认生命的原则是例外和偶然的产物之外,我们几乎不能期待还会得出别的什么答案。

第 2 章

超越哥白尼

关于宇宙，关于它的规律和内部结构、构成它的原则和力量，我们到底"知道"些什么？至少就行星系以外的宇宙区域而言，我们是否比哥白尼走得"更远"？这些问题的答案最终取决于认识论的基本观点，而这些观点显然会比通常假设的要"更深入"，也更难以理解。即使在最大的望远镜的帮助下，我们也只能将一颗颗恒星记录为无结构的一个个点；关于其密度、温度和距离的精确描述还缺乏实验上的可验证性。将物理上的"近距离体验"外推到宇宙深渊的合理性仍然无法得到证明。"宇宙学家"的推测性论断是基于对某些物理假设框架内光谱分析的解释。近几十年来被誉为"第二次天文学革命"的宇宙学（其中"宇宙大爆炸"和"宇宙膨胀"的假说特别受到大众追捧）是基于对所谓多普勒效应在遥远星系光谱线红移上的应用，而这一点未经证实。[13]其他可能的解释似乎没有任何"市场价值"。

数学的意义

近代物理学正是产生于为哥白尼的天文学革命提供科学基础的努力之中。有必要使人们理解：地球本身给人的感觉是静止不动的，而地球作为天体则处于"高速"运动之中，二者如何可以协调。因为哥白尼的注意力主要集中在对天文学的数学修正上，他本人大大低估了这个问题的物理学维度。显然，他没有充分认识到运动中的地球会对直接感官体验和地球物理学产生多么巨大的影响。只有乔尔丹诺·布鲁诺、开普勒和伽利略才看到，亚里士多德的物理学必须被一种完全不同的物理学所取代。

作为一种数学物理学的主导假说，惯性原理源于哥白尼革命带来的挑战，那些（至少在其声称的普遍性和绝对性方面）永远无法证明的东西成为行星运动隐藏原因的抽象替代品。自牛顿以来，再加上伽利略、笛卡尔和伽桑狄（Gassendi）的工作，静止和匀速直线运动被理解为动力学上的等效状态，从此，不再需要有驱动行星运转的力量了。惯性定律的模糊表述成为物理学研究方法、感官世界的抽象超越和相对化的指导原则。

数学上的"柏拉图式"抽象被认为是克服世俗感性视角的唯一手段。从自己生动的整体观察出发，乔尔丹诺·布鲁诺对这一点有不同的看法：他在对感官世界的激进相对化中取消了数学工具，在布鲁诺关于无限时空宇宙的观点中，数学的抽象显得是一个"前哥白尼的遗产"，倒是适合去掩盖对存在的前提进行彻底反思的必要性。

自 19 世纪以来，后哥白尼虚无主义越来越泛滥，即使是如 1846 年发现海王星这样的牛顿天体力学的伟大胜利也无法改变这种情况。哲学家谢林（Schelling）指斥"数学自然科学"是"空洞的形式主义"，"在其中找不到任何关于自然的真正科学"

（1803年）[14]。而叔本华（Schopenhauer）更是直截了当地给天文学家贴上了"纯粹的算术头脑""能力低下"的标签。他在《附录和补遗》（*Parerga und Paralipomena*，1851年）中写道：

> 从哲学的角度出发，我们可以把天文学家比之于这样的人：他们到场观看一出伟大戏剧的演出，但他们不会让音乐和剧情分散其注意力，他们只会留意布景装饰的机械装置，只要能够完全弄清楚传动装置及其中的关联，他们就很高兴了。[15]

哥白尼曾将数学天文学称为所有科学的女王，甚至赋予它神圣的品质（他在其代表作中称天文学是一门比人类其他科学更富有神性的科学[16]），并强调了其在道德上的净化力量。甚至在18世纪，在涉及"理性管控下的宇宙无处不在——这一启蒙运动中最受欢迎的思想"［布鲁门贝格（Blumenberg）］[17]的领域，人们依然能够对哥白尼的激情感同身受：那就是去寻找数学上可理解的宇宙秩序结构，现在这还与仰望那依然保持着神秘、理性上不可触及的恒星星空有关。人们会想到约翰·海因里希·朗伯（Johann Heinrich Lambert），他致力于寻找一个绝对的宇宙中心球体，它将适于把星空世界的混乱联系成为理性的统一体。朗伯说："我们仍然期待哥白尼、开普勒和牛顿对整个世界的构建。"[18]对于启蒙运动的思想家来说，在冰冷空虚的空间里存在发光的气体球这种想法似乎是荒谬的，甚至连太阳和恒星也被认为是有人在上面居住的，而不仅仅是它们的行星。

天文学的不幸

人们可以把唯心主义，甚至是莱布尼茨时代的早期形式，解释为试图通过认识论的"小伎俩"来逃避宇宙的实际无限性：即宣称空间和时间是感性的形式，完全是没有独立现实价值的观念，有限性和无限性的二律背反就成为一种纯粹的表象。人类再次被置于宇宙的中心（尽管不是在宇宙地形学的意义上）。在这方面，必须认识到伯特兰·罗素（Bertrand Russell）对康德理性批判的评价具有一定的合理性，这是"托勒密式的反革命"[19]。那么，包括康德继承者在内的唯心主义会不会是一种对虚无主义的回击呢，又或许是因为清楚地意识到它的前进势头不可阻挡？令人奇怪的是，历史上可理解的首次使用虚无主义一词，其出发点恰恰是源于相反的信念：康德对理性的批判被认定为是虚无主义精神的表现。康德认为，人类思维必须被排除在有认知参与的形而上学领域之外，世界在其本质上（"物自体"）是不可知的；人类无法摆脱观照事物和思维的形式，人类通过这些形式在想象中描绘事物。从这个角度看，自然规律成为认识主体的"自我反照"。这在耶尼施（D. Jenisch，1796年）看来"是最明显的无神论和虚无主义"，他还在括号里的评论中强调，虚无主义是"事物的真实用语"。[20] 对耶尼施来说，康德的唯心主义可能暗含了反虚无主义的动机，这是虚无主义的死胡同，是"一些畸形、可怕的东西"，是"一些极其令人沮丧，让更高级力量的努力衰竭消亡的东西"[21]。

迄今为止，尼采对虚无主义所下的最精确、最全面的论断包括以下两种：康德的表象与现实不可弥合的根本分离，以及后哥白尼时代的人在不可估量的宇宙面前退化为昆虫般的渺小和平庸。尼采认为，虚无主义主要是对所有形而上学和宗教价值的贬低或"瓦解"，是基督教道德上帝的"死亡"。今天，在原子弹爆炸和生态灾难日益迫近的时代，脱离生活实际、将地球完全数学化也应该被视为虚无主义的"症状"，就像马丁·海德格尔（Martin Heidegger）等人所做的那样。

科学史家汉斯·布鲁门贝格在他的《哥白尼世界的起源》（*Die Genesis der kopernikanischen Welt*，1975年）一书中揭示了近代天文学如何由期望变为失望，以及包含全部生命和理性的宇宙作为人类家园的希望是如何破灭的。布鲁门贝格所阐述的那种抵制后哥白尼虚无主义的方法导致了一种新形式的地心说——它产生于一种令人感到压抑的疑惑感，即"宇宙航行启程时的欣快感"是一种幻觉的结果，地球是"宇宙中的绿洲"，是"在令人失望的太空荒漠中的一个例外奇迹"；地球"不再是'一颗星球'而已，而是唯一配得上星球这个名字的"。[22]值得注意的是，"太空荒漠"这一隐喻已经在让·保尔的小说《齐本克斯》

（*Siebenkäs*，1796—1797年）中的噩梦景象中出现过，这预示着虚无主义的到来，"死去的基督在世界大厦里说，没有上帝"。

与人文主义者蔡特布洛姆的观点相对应，在布鲁门贝格的视野中，只有前哥白尼人类中心主义是以新形式出现的——人类在宇宙中具有唯一性和独特性——这一明显的假设在上述研究中没有得到认可，但也并没有真正被驳倒。这里所宣扬的"退回到地心说"，是理性的适用领域，在我看来这完全是"时代典型性"地以哥白尼主义来回避与意识相关的挑战。

如果存在人类对宇宙的基本需求——类似于叔本华所强调的"形而上学的需求"——那么对它一贯的漠视或压制将导致神经扭曲。除了物理学和天文学所能提供的渠道之外，还必须找到其他的渠道和表现形式。科幻文学和电影的巨大成功，或者广义上对"宇宙"进行宗派式的庸俗化解读，都可能表明了这种基本需求的扭曲。人类学的核心问题，即人类在后哥白尼宇宙中的地位问题，在任何时候都不能被"不受惩罚"地排除在外或者消除殆尽。

第二部分
无意间引发的革命

第 3 章
哥白尼神话

崇拜哥白尼的后人将他奉为开启现代自我认识的典范人物，把他看作时代的创始英雄，我们今天就站在那个时代的终点和废墟前。这位弗劳恩堡大教堂的牧师沉默寡言、性格内向，不制造任何挑衅性"爆炸事件"，不抱有任何颠覆性的态度观点，要不是朋友的不断催促，他才不会在去世前不久同意出版自己的代表作品，更是难以接受历史分配给他的角色。一出以他为主角的史诗大剧会让他感到害怕和厌恶。他只是不充分地认识到了地球运动的物理和哲学问题，而对这一认识的影响力，他却一无所知。哥白尼神话不过是科学神话的一部分，其来源至少有部分是基于自然界的原型；它在很大程度上覆盖了历史现实，使其无法得以辨识，直到最近的哥白尼研究才揭示出这里蕴含了某种顿悟性和客观化的因素。

神话的定义

有两种典型的说法可以进一步阐明这个神话。在哥白尼逝世 200 周年之际，即 1743 年 5 月 24 日，约翰·克里斯托夫·戈特舍德（Johann Christoph Gottsched）描述了这位令人钦佩的天文学家在精神上所做的贡献：

人们在报纸上读到：目光敏锐的哥白尼站在他经常观测天象的大教堂塔楼上，找到了阿基米德想要找到的那个地球外的支点。为了使用起重装置将整个地球从原地移开，他伸出大胆的手，打碎了水晶天球，让所有的行星在稀薄的天球空气中自由穿行。他将太阳从其运行了数千年的轨道中拯救出来，把它固定住，并让它保持静止。简而言之，他把地球体变成一个自转的陀螺，让它每年在彗星轨道上围绕太阳旋转一次。整个博学的西方世界都惊恐地听到了这位大教堂牧师的话语，他将使人们迄今为止尚属安全和牢固的住所变得不再稳固，摇摇欲坠。[23]

赞叹之情往往会歪曲历史的真相：在哥白尼的著作中，找不到"打碎"水晶天球的丝毫痕迹——直到哥白尼去世四十年之后，在乔尔丹诺·布鲁诺1584年的宇宙学著作中，亚里士多德的水晶空心球观念才在思想上被"打碎"。"精神犯罪"这样的隐喻性语言由此也应该追溯到布鲁诺。

另一种说法：19世纪中叶，哲学家路德维希·费尔巴哈（Ludwig Feuerbach）写道，哥白尼是"近代第一位革命家"，他"推翻了人类最普遍、最古老、最神圣的信仰，即推翻了地球不动的信仰，由此动摇了旧世界的整个信仰体系"，"作为一个真正的'造反者'，他把最底层变成了最顶层，把最顶层变成了最底层……把运动的主动权交给了地球，从而为地球上的所有革命打开了大门，无论是更遥远的革命还是其他方面的革命……是哥白尼剥夺了人类的天堂"[24]。

神话的产生

在哥白尼神话的代言人和"火炬手"中,很少有人会花心思去研究他们心目中这位英雄的代表作品。在神话外壳的包装下,阅读这本书必然会令人感到失望。那些认为他们会发现哥白尼在《天体运行论》[1](De revolutionibus orbium caelestium)一书中引发的天文学、宇宙学和物理学变革的人,很快就被迫修正他们的观点。这部作品主要是根据亚里士多德经院哲学和托勒密理论撰写的。"除了地球的运动之外,无论从哪方面看,《天体运行论》都更接近于古代和中世纪天文学家和宇宙学家的著作,而不像那些后继者们的著作——他们的工作建立在哥白尼奠定的基础之上,并且得出连哥白尼本人也未能预见到的极端结果……这本书引发了它自己并未宣告的一场革命。它是一个制造革命的文本,而其本身并不是一个革命性的文本。"[托马斯·库恩(Thomas Kuhn)][25]作为认识和研究的原则,哥白尼主义与哥白尼本人的意愿背道而驰——乔达诺·布鲁诺和开普勒是最先看到这一点并从中得出必要结论的人,尽管他们得出的结论完全不同。

在过去的两个世纪,由意识决定的改革常常被贴上"哥白尼式转向"的标签:只需想想与康德、达尔文、马克思、弗洛伊德或爱因斯坦这些名字相关的"价值重估"就可知晓。很明显,这种打标签的行为与现代意识的结构和特性有关,与那种独特的世俗进步思想有关,也与"自由意识的进步"(黑格尔)有关。显然,在我们这样一个时代,在奥斯维辛集中营、广岛原子弹及其他非人道暴行中,近代的自由和进步之信条已被破坏得千疮百孔,关于哥白尼的神话也开始枯萎和剥落。我们对历史的实际塑造力知之甚少,哥白尼神话的起源尚未得到令人信服的解释。然而,正是哥白尼著作的实际情况与它所引发的革命性影响之间的惊人差异,使我们有理由去深入思考精神影响的形式和可能性。

神话创造者的担心

对出版革命性作品长期犹豫不决,也与以下事实不无关系：哥白尼担心，如果他违背感官证据，也违背可靠的天文观测结果（起初他并没有获得任何恒星视差的数据）就断言地球处于运动之中的话，自己就会沦为笑料。甚至在这位重新发现者和变革创新者的一生中，日心说都是被嘲笑的对象，并被认为是荒谬绝伦的。哥白尼和拥护哥白尼的学者不得不一次又一次地面对"谴责判决"，人们认为他们的核心主张非常荒谬，在物理上是不可能出现的情况，因为肉眼可见的证据很明显地对他们不利（毕竟，至少花了两个多世纪的时间才让大多数西方人相信哥白尼学说的正确性）。"哥白尼主义的反对者将所有可能意识到天文学革命之强大力量的东西都看作是对它的责难。"（布鲁门贝格）[26]因此，"日心说捍卫者"长期被迫为自己提供证明，这倒是在对历史的影响方面创造了有利局面：他们提供的论据总是得一次次地接受严苛的检验。

分享一个时代或社会及其制造舆论的"神职人员"的主流信仰，那是简单易行且没有风险的。每个时代或社会都有其内在的感知条件和感知的局限性，有其偏见、教条和禁忌，这也适用于科学领域。自由和无条件的研究只是一个梦想,一个幻想。我们没有想象中那么自由。谁要是掌握了一种新的和"革命性"的知识(或自认为掌握了这种知识,这两者最初是一样的),并且不打算把它作为一种只需要虔诚追随的"启示"来加以宣告,为了对自己所处的时代产生影响,就还必须考虑到时代的感知结构、偏见、恐惧和权力结构。这可能会导致有关人员"淡化"自己的创新,把它说成是对某些为人熟知的观点的一种改良,或者说是已被普遍接受的信念的一种迄今未见的结果。所谓"真理",无论它的具体含义是什么,都不会通过最便捷、最直接的渠道而得以被普遍接受,通常多多少少会掺杂进那么一点儿心思算计。直接而突然地说出新的思想,很容易会被世人斥责为"愚蠢""疯狂",或被认为是完全自相矛盾的,特别是当根深蒂固的、有数百年历史的禁忌或社会权力因素发挥作用时——只要有任何机会,情况就都会如此。不仅有众所周知的"沉默至死",而且可笑或荒唐的公开标签也会产生致命的"杀伤力"(除此之外,一直以来都有一些妄自尊大和招摇撞骗的人,他们甚至对自己得到可笑的恶名也会无动于衷)。

为了让同时代的人所了解,"创新者"必须考虑到他那个时代的感知形式,必须建立起某些通往"时代精神"的桥梁,必须使用熟悉的论证模式。哥白尼非常清楚这一点,他在继承托勒密、运用传统数学天文学的证明方法时考虑到了这一点,并明确强调他是作为数学家为数学家而写作此书。1542年《天体运行论》[致教皇保罗三世(Paul Ⅲ)]的献词中,他指出:

也许有一些空谈家,他们对数学一窍不通,却对这门学科妄下断言。他们从《圣经》中断章取义,为实现自己的目的而加以曲解,他们会对我的著作吹毛求疵,并妄加非议。我不会理睬他们,甚至会把他们的批评当成无稽之谈予以蔑视。这些人中甚至包括拉克坦提乌斯(Lactantius)。众所周知,拉克坦提乌斯可以说是一位著名的作家,但他不能算作是一个数学家。他嘲笑那些宣称地球是球形的人,他所说的关于地球形状的话相当幼稚。因此,当这类人讥笑我们的时候，学者们大可不必感到讶异。数学方面的内容是为数学家而撰写的（mathemata mathematicis scribuntur）。[27]

哥白尼论证得极为巧妙：通过强调批评者在数学上的无知，直截了当地驳斥了对他的事业（即日心体系）的荒谬指责。天文学被认为是数学的领域，不需要考虑物理定律乃至真实性概率的问题。唯一重要的是柏拉图提出的天体匀速圆周运动的基本模式，哥白尼对此未加改动。在宇宙学中，地球的球形也是建立在地心体系的基础之上的，《天体运行论》的作者于是举出了拉克坦提乌斯这样不懂数学的嘲讽者作为例子，这具有启发意义，说明这些"门外汉"在天文学问题上是如此无能。

哥白尼是一位"专家"，在现代意义上也是如此，他是在托勒密设定的证明模式框架内的数学天文学专家，因此他可不愿意被排斥在这一领域之外。对哥白尼来说，唯一的决定性因素是"专业人士"的判断。在这个问题上，"门外汉"被剥夺了发言权。"专家"

的傲慢则昭然若揭——无法将自己独到的发现归类到哲学与文化心理学之中并与之产生关联,这种情况也是显而易见的。如果说这可以算是对时代感知条件的适应,那么主要是在上述意义上对数学专业知识结构的形式适应。"普罗大众"被认为是不成熟的,或者不具备理解天文学革命本质的能力。只有日心说的反对者才了解这一革命思想所蕴含的冲击效应。

另一个适应之处是,该思想以人文主义为基础,反复回溯到古希腊作家和学者。古希腊世界中唯一能够坚定不移地透彻思考和提出日心体系的天文学家是阿利斯塔克(Aristarchos von Samos),哥白尼在《天体运行论》的手稿中只是提到了他是地球运动论的宣扬者,相关的段落在印刷本中已踪迹全无。由于原稿是在19世纪才被发现的,所以直到那时,人们还普遍认为哥白尼对他的古希腊"先驱"一无所知。这也是哥白尼神话的一部分,至今还没有完全得以破除。这个神话甚至还包括这样的观点:哥白尼学说用一个相当简单和更精确的系统取代了一个复杂和不精确的系统,即托勒密的地心说。事实上,哥白尼系统"相比托勒密系统来说,既不更简单,也不更精确"[28]。

哥白尼也不得不引入大量令人眼花缭乱的辅助结构,以调和行星运动的不规则性与设想它们以匀速圆周运动为基础运动之间的矛盾。只有在**质**的方面,哥白尼体系才优于地心体系(它更和谐、更统一、更简单),但在**量**上则不然。"由于率先建立了一个基于地球运动的天文学体系,哥白尼常常被称为第一位现代天文学家。但是正如其著作《天体运行论》的文本所显示,称他为最后一位伟大的托勒密派天文学家也一样具有说服力。托勒密天文学的含义远远超过基于地球静止不动的天文学,哥白尼只是在这个方面打破了传统。他的天文学所植根的宇宙论框架,他的物理学,甚至他为了使其体系能够给出准确预测所使用的数学方法,这些都处于古代和中世纪学者们所建立起来的传统之中。"(库恩)[29]下面,让我们首先介绍一下地心体系的基本特征,自13世纪以来,该体系一直被西方学者和教会认为是"确凿无疑"的。

第 4 章
以地球为中心

人有心理的、精神的或审美的基本需求，某种世界观越是能满足这些特定的基本需求，似乎就越容易取得成功。感官知觉的说服力相当巨大，尤其是视觉的说服力。我们的整个生理机构可以说都是基于支撑我们的地面静止不动的基础之上的。地球运动的猜想与人们的亲眼所见相矛盾，从一开始就显得不具有合理性。古代的双球宇宙以地心说为基础，即地球位于宇宙中心，这在很大程度上是考虑到了直接的感觉体验；此外，它被认为是统一而简洁的，就连对星空进行更为复杂的观察和测量时，也可以毫不费力地对其进行归纳——宇宙是一个巨大的空心球体，其内层表面附着恒星，它在23小时56分钟内围绕一个固定轴匀速地向西旋转。地球被想象成一个相对较小的静止球体，其中心也是星球体的中心，包括太阳和月亮在内的行星在地球和天球之间的广阔空间中运动。在空间的意义上，不存在天球的"外部"概念，星球被"嵌入"到一个无法定义的东西中，从世俗经验的角度看是某种虚无——"超越"了空间、时间和物质，是神性因果关系的作用领域，是亚里士多德所说的"不动的推动者"。嵌入星球体的其他空心球体带着行星沿其轨道运行，它们有一个共同的中心——地球中心。

感官与理论

地心体系学说可以追溯到柏拉图的学生欧多克斯（Eudoxus），柏拉图曾宣称圆周或球形构成了宇宙，这一学说的建立就是为了将行星的运动追溯到圆周或球形的完美图形上。太阳在恒星星空深处周年视运动的方向是自西向东，即它经过黄道十二宫或沿黄道的运动轨迹可以借助以地球为中心的太阳体这一假想至少在质上得到理解。这同样适用于更快、更不规则的月球轨道。黄道被定义为太阳的周年视运动轨迹或地球公转轨道面在天球上的投影大圆，它与天体赤道有两个相交点，角度约为23.5度。对地球上的观测者来说，水星、金星、火星、木星和土星（直到1781年才发现其他行星）以不均匀的速度沿黄道向东移动，在某些时候会出现短暂的向西运动，即逆行，从而形成了独特的行星环。例如，火星绕黄道一周（平均）需要687天，每隔780天就会发生一次逆行；对于金星来说，它在一年内穿越黄道十二宫，每隔584天就会出现一次逆行。借助地心模型对这些天体运动特征进行的解释既复杂又缺乏说服力。

根据亚里士多德的观点，位于宇宙中心的地球最初被充满水、空气和火这三种尘世间元素的球壳所包裹，而火球体又被水晶天球即空心球所包裹。在与地球的距离越来越远的地方，月球、水星、金星、太阳、火星、木星和土星分别嵌入其中并保持运行。在水晶透明行星体之外，还有恒星体即星球体，这是宇宙的绝对边界。"因此，这个宇宙中的每一种物体或物质都有其自然位置和相对于该位置的自然运动。所有的运动都指向一个固定点,即处于宇宙中心的地心……月球体将宇宙分为两个截然不同的区域,即地界和天界。前者的物体受到所有四种变化的影响,它们的自然运动方式是在由其组成的元素范围内沿着自然位置方向进行直线运动……在月球之外,物体由第五种元素组成,即'精髓'(Quintessenz),它不生不灭,只会产生一种变化——匀速圆周运动,这种运动方式可以在有限的宇宙中无限地持续下去。"[30]

哥白尼革命,研究者突破地平线与天球层的结界,突破地心说
[卡米耶·弗拉马里翁(Camille Flammarion)的木版画,1888年]

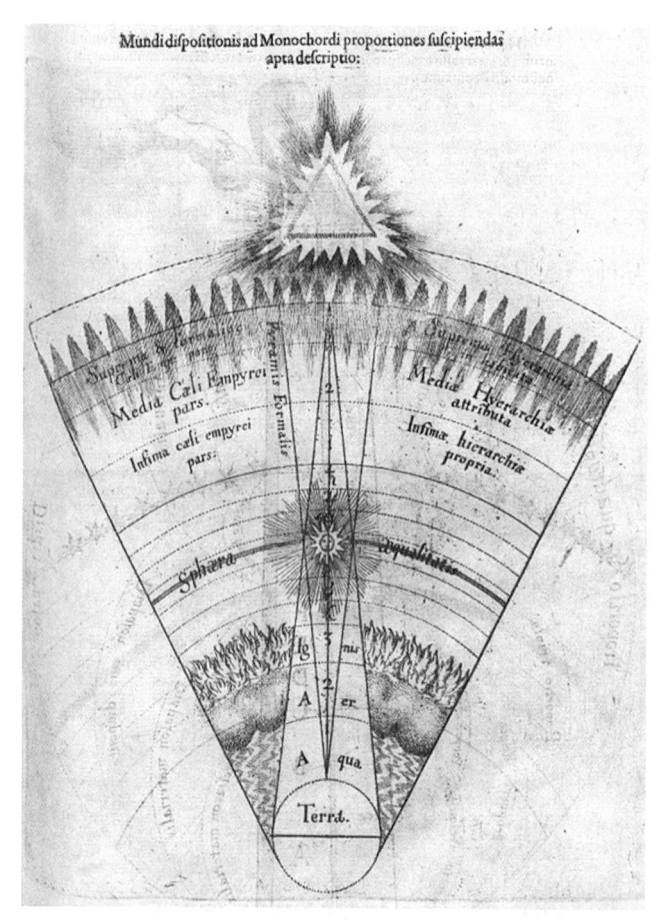

亚里士多德式世界观中,地球最初被充满水、空气和火这三种尘世间元素的球壳所包裹,从下至上为地(Terra)、水(Aqua)、空气(Aer)和火(Ignis)

柏拉图偏爱毕达哥拉斯的数字思想，将其作为世界的形成力量。但他的学生亚里士多德不是数学家，他不接受这一思想，认为数学自然科学的思想是站不住脚的。亚里士多德把宇宙划分为两个独立和完全不同的领域，一个是地界，一个是天界，这就需要将物理学分配给地球上的经验，将数学分配给天体和它们的运动。对亚里士多德来说，数学物理学的思想与物理天文学的思想一样荒谬。他认为，物理学和天文学是两门不可调和的独立学科。天文学不关心物理解释，而只关心基于柏拉图的匀速圆周运动公理的数学描述。这根植于超世俗的上帝感知和水晶天球的不变特性，根植于它们完美无瑕的纯净和美丽，根植于它们可以自我驱动——一直旋转，直到永远。

以地球为中心的两球宇宙定性特征也适用于本轮 - 均轮的数学结构，它是由天文学家克劳迪乌斯·托勒密（Claudius Ptolemäus）在 2 世纪总结和完善的。从亚里士多德对地界和天界区域基本划分的意义上说，托勒密天文学放弃了任何对真理产生现实性理解的要求，而是旨在对恒星现象进行数学 - 柏拉图式的描述和"拯救"。

天文结构被明确称为"假说",但用现代的说法,倒不如说它是虚构(甚至牛顿也在这个意义上使用"假说"这个词)。基于真实有效的原因,"没有假说的天文学"在这种思维框架内是一个矛盾的说法。

对亚里士多德物理学的运动理论需要进行详细的说明:就自然属性而言,每一个经过深思熟虑的运动理论都会对相应的空间概念产生影响。例如,牛顿的"绝对空间"是惯性定律即牛顿第一定律的自然哲学关联,它假设静止和匀速直线运动动态对等。在亚里士多德看来,重力是土元素的本质属性,有目的的倾向于朝着地球的中心,也就是朝着宇宙的中心运动。这里很重要的一点是,不是土元素本身或物体本身,而是空间几何体的结构被视作自然落体运动的原因。空间具有动态影响力,这让人想起爱因斯坦的广义相对论,至少在物理学方法上是这样,正如物理史学家马克斯·雅默(Max Jammer)所指出的那样。在这种联系下,他谈到了亚里士多德空间概念的"动态场结构"[31]。亚里士多德明确拒绝将外部推动者与重力联系起来，相反，这成为一种针对绝对参考点的**内部**（与空间有关的）方向性，这个参考点就是与"不动的推动者"的最大距离点。

相比之下，天体既不重也不轻，因为其圆周运动的"自然性"来自其超世俗的本质。地球在宇宙中处于中心位置，一方面是由于它面向一个绝对中心的空间结构，它具有物理引导场的特点，另一方面也是因为土元素的"自然"运动形式。在《论天》（*Über den Himmel*）一书中，亚里士多德写道：

地球作为整体的天然运动与其各部分的运动一样，都朝向宇宙的中心，这就是为什么它现在处在中心的原因。也许有人会问，既然两个中心都是同一个点，那么一切重物或地球各部分的天然运动究竟是指向宇宙的中心还是地球的中心呢？回答是：必然是朝向宇宙的中心。因为一切与重物相反的轻物和火要指向包围着中心的那个区域的外缘。碰巧地球的中心与宇宙的中心相同，所以重物移向地球的中心，但这只是出于偶然，即地球的中心位于宇宙的中心……由此看来，地球不产生运动，而且就处于中心位置。此外，以上陈述可以清楚地解释它保持静止不动的理由。正如人们在观察中所看到的那样，如果物体会由四面八方向中心运动，而火则是由中心向外端运动，那么，除非受到外力影响，任何一部分都不可能从中心移走。[32]

亚里士多德的推理是基于一种接近朴素现实主义的看待事物的方式：事物首先被解释为它们在感官上的表现，在此基础上得出的结论和总结纯粹是推测性的。球体宇宙的形状被认为是完美的，排除了无限性（包括原子主义者的虚空），亚里士多德将其理解为一个指向一定目的的世界。从重力决定的空间结构来看，垂直向上抛出的石头会在同一条"空间线"上返回地球表面；在地球产生运动的情况下，它则必然会回到地球表面上的另一地点。据此，位置上的差异必然与地球在相应时间单位内产生的自身运动相对应。

结论的破灭

根据亚里士多德的说法，这也适用于所有的地球物理学：在地球运动的情况下，它们将受到各种扭曲和位移的影响。例如，占据其"自然位置"的云总是会落后于旋转的地球，更不用说围绕太阳的轨道转动了。在自由落体不遵循轨道运动或旋转的条件下，自由落体偏离直线轨迹的情况必然会被记录下来，显而易见的是，在下落过程中，地球肯定向前移动或旋转了一段可测量的距离。来自阿拉伯世界的亚里士多德评注家阿维洛伊（Averroes）将假设处于运动中的地球比作运动中的船只，并断言在船上垂直向上抛出的物体并不会准确地返回到抛出点，而是会落在后面一点的位置。

直到英国的哥白尼主义者托马斯·迪格斯（Thomas Digges）才得出相反的结论，即铅质重物在移动的船上会垂直落下而不产生偏离。乔尔丹诺·布鲁诺没有受到迪格斯的影响，他在几年后（1584年）也得出了同样的结论。在《圣灰星期三的晚餐》一书中，"针对古典传统中亚里士多德和托勒密对地球运动的反对意见，他给出了伽利略之前最好的说明和反驳"[亚历山大·柯瓦雷（Alexandre Koyré）][33]。

托勒密在他的著作《至大论》（*Almagest*）中提到了柏拉图的弟子——赫拉克利德斯（Herakleides von Pontos）。赫拉克利德斯曾断言，地球绕着它的轴线自转，因此，恒星是静止不动的星体。托勒密引用了上述亚里士多德关于地球位于宇宙中心位置的论证，然后继续写道：

> 尽管他们拿不出证据反对以上的论证，但某些思想家却编造出了一个他们认为更容易接受的图式，并且认为如果这样去论证的话就没有什么证据可以驳倒他们——天空静止不动，但地球在相同的一个轴上自西向东旋转，差不多每天旋转一周。然而这些人忘记了，当然，就天空现象而言，对这一理论也许不会有什么异议，但是根据影响我们自身及我们身处其中的（地上的）条件来判断，这样一个假说肯定会被看作是实在可笑……如果地球在如此短的时间内在轴上完成如此大幅度的旋转……那么不在地面上的每一个事物必定会看起来在做一种与地球相反的运动，我们不会看到云及任何飞着的或被抛出的东西向东运动，

因为地球的运行总会先它们一步,如此一来,其他所有的东西都看上去是在向西后退。[34]

地球自转在天文学上的合理性被其在物理学上的不可能性所驳倒。

在《天体运行论》一书中,哥白尼论述了亚里士多德的运动理论,他的论述如下:

因此,古代哲学家尝试用一些别的方法来证明地球位于宇宙的中心。最有力的论述是从重与轻的学说得出的。他们说,因为土是最重的元素,所有具有重量的物体都会向它移动,趋向它的中心……向地心运动的物体一定会在到达地心后静止下来。进而说明,整个地球静止于宇宙的中心,它承受所有的落体,并由于自身的重量而保持稳定。同样,它们也基于运动的原因和本性而自证。因此,亚里士多德说,单个简单物体的运动是简单的。简单运动分为直线运动和圆周运动。直线运动又分向上和向下两种。因此所有的简单运动或者趋向中心,即下落;或者背离中心,即上升；或者环绕中心，即做圆周运动。[35]

根据亚里士多德的观点，所有的"天然"运动，即不需要外力推动就可以发生的运动，都是由运动物体本身的本性引起的。土、水、气、火和以太，这五种简单元素的运动形式必定是简单的，因为其本质就是简单而基本的。"这样下落就只是重元素土和水的属性，它们趋向中心；轻元素气和火要上升，它们远离中心。因而，直线运动归因于这四种元素，天体则做圆周运动。"亚里士多德如是说。

"因此，托勒密说，如果地球运动，哪怕只是旋转一天，也会产生与上述相反的结果。因为地球必须在 24 小时内转一整圈，这个运动一定是极快的。转得很快的物体会产生与聚合相反之力，不是很牢固地结合在一起的东西很容易就会散落开来。托勒密据此认为，要是地球旋转，那它早就分解了（dissipata terra），而且（荒谬之极的是）连天空也要被摧毁；当然所有的生物和可移动的物质也无法留在地面，而是要被甩落了。落体也不能掉到垂直正下方，因为在这一瞬间地面已经从它们下面迅速移走了。"[36]哥白尼对亚里士多德和托勒密反对地球运动的论证解读就到此为止，随后他对"所给理由进行了反驳（solutio dictarum rationum）"[37]，并使用了亚里士多德的证明模式——至少使用了一部分，例如提到了地球圆周运动的"自然性"，然而，这已经消除了天界和地界区域之间的传统差异。

亚里士多德物理学的球形空间，在引导场的意义上决定了物体的运动，同时也被理解为一切场所的

亚里士多德的地心说示意图

总和,"场所"在此表示的是空间的一部分,其边界与占据它的物体的边界重合。空间总是被填满的;抽象三维或原子论意义上的真空对亚里士多德来说是不可能出现的,纯粹是虚构的。物体的体积决定了空间,因此,脱离了物质,空间显然不可能因其自身而存在。亚里士多德的物理学长期致力于驳斥"真空"和"无限"(Apeiron)的概念。"如果没有一个物质和空间不可拆解地结合在一起的观念,亚里士多德派就会被迫承认宇宙的无限性。"(库恩)[38]在乔尔丹诺·布鲁诺的无限宇宙论中,这一点得到了特别有力的说明。亚里士多德将天体的稳定和权威与地上生命的脆弱和易变进行对比。绝对的下方或上方的虚构,具有由存在物之等级所决定的意义;存在的秩序成为可理解的宇宙观,地球被划分到宇宙中最低的等级。均质空间的概念与亚里士多德思想的核心相矛盾。

尽管经院哲学家,甚至包括阿拉伯评注家进行了各种修正,但直到文艺复兴时期,亚里士多德的哲学还是能产生压倒性的影响。这位伟大的博学家被认为是卓越的哲学家,是定性宇宙学问题上的权威,几乎从未受到过严重挑战。最初是在 13 世纪托马斯·阿奎那（Thomas von Aquin）的影响下，亚里士多德成为教会经院哲学的首席哲学家。直到 12 世纪，基督教对"异教"的宇宙学并没有明确界定和教条约束的立场。在最初的妖魔化和贬损之下，在反宇宙的基督教救赎思想的标志下，古代的宇宙论往往被视为无关紧要，尽管心智清醒的人的反对声音也确实存在。

对两球宇宙模型的修正

具有地心特征的两球宇宙提供了一个清晰而简单的世界模型，借助该模型，可以理解天体运动的基本定性特征——作为水晶球壳旋转运动的效果。太阳和月亮运动的不规则性以粗略的近似值及相应的球体结构被记录下来；由于行星运动的奇异特性，记录变得更加困难。由于行星在肉眼看来只是光点，只有深入观察才能揭示它们复杂的运动结构，因此，球壳模型作为一个整体，最初几乎没有受到影响。行星正常的向东运动会被短暂的向西运动（即逆行）打断，这很难与旋转天体作为行星"载体"的想象进行调和。除了逆行节奏、令人困惑的不均匀速度（例如，在接近逆行点时放慢速度）之外，还有必要解释为什么水星和金星从未远离太阳，而火星、木星和土星有时与太阳面非常接近即与之相合，有时它们又以 180 度与太阳相对——与之相冲，在这两个时刻之间它们可能处于中间任何位置。这样的解释是借助一个结构简单而有效的数学模型实现的：相应的行星被放在一个匀速旋转的小圆上，即所谓的本轮（Epizykel），其中心又位于第二个更大的圆即均轮的外围，它围绕一个点匀速旋转，这个点也是地球的中心。值得注意的是，本轮 - 均轮系统只描述了与恒星天球有关的行星运动，假定恒星和行星球体**每天**都在黄道平面上旋转。因此，除了位于中央的地球之外，整个系统每天旋转一周，而且还会一直持续下去。

当本轮的旋转将行星带到均轮之外时，本轮和均轮的运动叠加，使行星向东运动。但当本轮的运动使行星进入均轮之内时，本轮会带动行星向西。当行星离地球最近时，两种运动合成向西的运动，即逆行运动。本轮体系带动一颗行星以一定的时间间隔绕黄道运动，这个时间间隔平均起来恰好等于均轮旋转一周所需要的时间。行星向东的运动被相反方向的运动打断，这个时间间隔等于本轮旋转一周所需时间。本轮和均轮的旋转速度可以进行调整，以符合任一行星的观测结果。此外还可以清楚地展示出，为什么当行星运行到最接近地球时才发生逆行，并且在这个位置上行星看起来最亮。因此，该系统能够为行星的亮度变化提供一个简单得令人惊讶的解释。

以水星为例，它沿黄道完成一次运行平均需要一年时间，每 116 天发生一次逆行。因此，当均轮旋转一周时，水星的本轮的旋转必定会超过三周，即本轮仅用 348 天就完成三次旋转。因此，必须为每颗行星设计一套独立的本轮-均轮体系，以便尽可能准确地用数学方法记录观察到的运动过程。太阳和月亮的运动通过单独的一个均轮就可处理，而对木星的一次运转则需要借助 11 个本轮去处理，土星甚至需要 28 个本轮。任何构造形式都不允许偏离柏拉图的匀速圆周运动公理。

尽管本轮-均轮系统能够非常近似地模拟行星的

不规则运动，但仍然不免需要对此进一步精准细化，特别是当对天体的观测变得越来越精细时。对该系统必须进行修正和扩展，以考虑到预测和观测到的行星位置之间越来越频繁出现的差异。在这些修正工作中，最成功和最富有成果的要算是天文学家克劳迪乌斯·托勒密所做的工作了。"因为他的工作远超前人，包括哥白尼在内的所有后来的天文学家都是在他奠定的基础之上来开展工作，所以由托勒密开创的一系列的尝试都堪为典范，在今天被总称为托勒密天文学。这是指一种方法，而不是指一种特殊的解答。"[39]

一个相对较小的修正涉及引入所谓"小本轮"。这可以通过太阳运动的例子来说明：众所周知，太阳沿黄道的运动（看上去）在冬天时要比在夏天更快一点，太阳从春分点运动到秋分点要比它再从秋分点回到春分点多用差不多6天时间。把太阳固定在匀速旋转的均轮上，既不能解释这种情况，也不能提供精确的预测。另外，如果把太阳放置在一个小本轮上，均轮每向东旋转一周，本轮向西旋转一周，那么春分和秋分之间的时间跨度就会增加，相应地会减少在黄道上另一半运行所用的时间。如果小本轮的半径是均轮半径的 0.03 倍，那么太阳在黄道上冬夏两个部分时间之差就会是所要求的 6 天。

小本轮与大本轮的功能不同：后者用于描述和解释行星独特的环形运动，而前者则用于修正其轨道中细微的不规则性。"托勒密天文学的不同版本之间小本轮的数量相差很大。使用 12 个此类小本轮的体系在古代和文艺复兴时期并不少见，因为通过对小本轮尺寸和速度的适当选择，几乎所有微小的不规则性都可以得到解释。"[40] 各个行星被放置在一个较小的本轮上，其中心又在一个较大的本轮上旋转，而这个本轮被简单地置于地心说的均轮。

另一种修正方法是使用所谓的偏心圆。将均轮的圆心移离地心，从而就可以得到一个偏心圆。如果地球到偏心圆圆心的距离是偏心圆半径的 0.03 倍，那么这个偏移的圆就可以解释上述太阳运动的不规则性。通过使用上述距离的其他数值，结合一个或多个本轮，可以使关于行星位置的预测更加精确。偏心圆的圆心通常被放在一个小的均轮上或放在次一级更小的偏心圆上。

大部分天文学家更喜欢使用这种系统方法，而不使用小本轮，尽管这两种方法在几何上是完全等价的。而这些圆可以在任意方向上旋转，这就可以解释行星与黄道或南或北的偏差。

托勒密在已经相当复杂的数理装置中又增加了一个辅助工具，即所谓的偏心匀速点。正是这一点对哥白尼革命的起源具有重要意义，因为哥白尼像其古代的前辈一样使用了本轮和均轮，但他出于"柏拉图式"美学的原因，并没有使用偏心匀速点。有了偏心匀速点，均轮或别的行星轮的转速就不是相对于它的几何中心，而是相对于偏心匀速点保持恒定，这是一个靠近圆心，被虚构出来的点位，其确切位置可以根据需要进行调整。这导致了均轮及固定在均轮上的行星相对于旋转中心进行非匀速运动。哥白尼着重指出，这违反了柏拉图的匀速圆周运动公理。偏心匀速点经常被应用于偏心圆，偶尔甚至被应用于本轮，这使得数理装置非常混乱，降低了其可信度。

克劳迪乌斯·托勒密得到的名声与其说是基于他

对地心天文学的修正，不如说是基于他在汇编和系统化方面的成就：《至大论》浓缩了古代天文学最伟大的成就，"是第一部为所有天体运动提供**完整、详尽和定量描述**的系统化数理论著"[41]。一直到文艺复兴时期，托勒密的后继者们都一直在使用《至大论》里的灵活和广泛的构造方法。基于这种方式产生出了一套高度精密的装置，用于描述行星的运动，这套装置值得世人重视。越来越多新的天体运行轨道被嵌入给定的设计模式中，天文学达到了数学抽象的水平，使其成为少数专家的领域。《至大论》由大量的数学表格、图表、冗长的证明和来自无数单体观测的复杂计算组成。哥白尼的代表作也是如此，它在结构和论证方式上都仿照了《至大论》。

亚里士多德的自然哲学和宇宙学构成了托勒密天文学的数学结构基础，尽管这里肯定存在不相容和矛盾之处。然而，托勒密并不关心如何用物理学中的因果关系来解释恒星现象，而只是从匀速圆周运动的组合中进行描述和推导，没有任何"现实"需求。甚至安德烈亚斯·奥西安德（Andreas Osiander）在其饱受批评的《天体运行论》序言中,也明确无误地论证了托勒密的观点,他拒绝接受哥白尼天文学的真理主张,并希望将其仅仅归为一个"假说"(即虚构)系统。我所使用的"解释"一词与本轮系统有关,只在上述限制的范围内下才有效。

新的世界观

自17世纪以来,哥白尼主义的胜利模糊了亚里士多德-托勒密世界体系令人印象深刻的成就,并使得人们对后哥白尼时代的知识获取做出相当大的误判。在许多人看来,古代地心说在以前看来(现在仍然)似乎是一种朴素且教条的建构,基本上没有什么科学价值。这样的评价并没有从数学和心理学上认识到地心体系的成就:它为日常经验的朴素现实主义提供了一种宇宙学的论证,同时能够满足人们智力上的需求,例如构建令人眼花缭乱的各种现象的需要。感官经验与数学抽象,亚里士多德式与柏拉图式的元素结合成一个整体。当然,世界大厦中会有裂缝、有矛盾、有不足,甚至连经院学者们有时也对亚里士多德物理学经验的普遍一致性表示怀疑，尽管如此，整个世界体系还是如此"持续"了数世纪之久。

此外还有一个因素——地心世界的构建也是在另类宇宙观说服力和启示力的攻击下的一种撤退防守。亚里士多德对有着众多居住世界的无限空间论进行了尖锐的论争，这与托勒密承认地球运动的观点**在天文学上**优于地球静止的观点一样，都富有启发性。亚里士多德 - 托勒密的世界观可以被理解为一个"封闭"系统，以抵御无限空间的侵蚀力量和与之相关的尘世经验相对于宇宙的相对化。

为了展示出这种世界观的特殊"现代性"，我们将其与今天盛行的宇宙形象进行比较，它代表了**一种哥白尼式的继承形式，它知道如何将自己呈现为对哥白尼的继承和成果**。

在托勒密天文学的背景下，对天体运动的数学描述已经成为一个建构问题，是去建构一个基于匀速圆周运动的几何虚构系统。行星的位置可以被相当准确地预测出来，只有牛顿天体力学可以得出比它更精确的近似值。托勒密系统提供了准确的预测，但它在物理上是荒谬的，甚至可以说是可怕的。真正"重要"的是数学上的精确性。这表现出相当强大的说服力，而带有哥白尼印记的日心说最初是无法与之抗衡的，因为它既不比地心说更简单，也不比它更精确。

现代物理学也是用数学虚构的方式运作的，严格来说，每一个所谓的自然法则都是虚构的。虚构是编造出来的想象物，在原则上是无法证明的。在近代科学概念的意义上，任何形式下对世界的理性理解都不能没有虚构想象，它们在其可数学化的结构方向上"预备"了观点。自然法则的不变性和它们的普遍性一样都是虚构的，两者都是无法证明的，因为我们可以获得的经验只代表了世界现实的一小部分。如果我们不考虑把握现实的精神形式，那么其余的就必须被视为纯粹的推断了。甚至自伽利略以来近代物理学的前提，即相信"客观"世界的数学秩序，在本质上也是托勒密式的。这一前提的起源在于毕达哥拉斯的假设，即数字是世界的构成形式。

托勒密天文学摒弃了对原因的物理研究——物理学和数学被认为是不相容的，或者说，将后者用于前者被认为是无稽之谈。直到伽利略的物理学出现，才产生了柏拉图《蒂迈欧篇》(*Timaios*) 中阐述的数学化自然科学思想的重大回归。然而，伽利略将数学抽象的适用范围扩展到（实验上理想化的）物理学，以及由哥白尼而肇始的自然科学和天文学的共生并不意味着与托勒密的**根本**决裂。虽然圆形结构并没有被赋予任何物理上可确定的性质，但还是被赋予了一定的现实价值，这仅仅从公理所确定的"柏拉图基本元素"的形式中就可以得出。用现代的表达方式来说，本体论的概念在此适用，它描述了将纯粹的思想、观念或虚构变成客观现实的过程。数学虚构的本体论化，即将它们转化为物理假设并最终转化为具有绝对主张的现实陈述，这属于近代物理学史的核心内容。

与虚构相反，假说是一个基本可验证的或〔卡尔·波普尔（Karl Popper）所说的〕可证伪的关于假想事实的陈述。例如，在牛顿天体力学的意义上，将天体转化为"质点"的思想转变是基于一种有意识的虚构，与物理上的荒谬相对应（根据定义，质点是一个无关尺寸大小,只具有一定质量的物体)。尽管如此,这种物理上的荒谬还是适合用数学来实现,这反过来又使精确的预测成为可能。据此,在每种情况下使用的数值只是在很小的程度上基于"无预设条件"的测量,主要还是基于某些计算和定义的前提。

本体论问题在相对论和量子力学中表现得尤为突出。富有批判精神的物理学家和哲学家一再强调,在近代物理学的两个关键理论中,物理矛盾是通过数学虚构的方式来消除的。[42]想想量子力学的波粒二象性,或者从数学上"克谬"传统物理学因实验证明其非可能性而陷入的困境,即光学过程与"静止以太"的不可调和性。本体论问题由于基于经验的事实而变得更加难以捉摸,自然界的某些子领域就像最外层的洋葱皮那样可以用数学人工语言来加以描述(全部技术领域都是基于此)。然而,这种描述是在相对最狭窄的地球大气层内进行的,即使是发射到其他行星去的探测器也只是略微超出了这个范围。从最广泛的意义上讲,人们很难进一步认识宇宙，认识论的问题仍然存在，即是否已经或可以用数学模型实现对宇宙的认识，或者说以此作为对宇宙的认识。世界的有限性或无限性问题在这里也发挥了作用。

前面已经提到，亚里士多德的空间概念与爱因斯坦的相似。托马斯·库恩甚至强调，爱因斯坦的广义相对论更接近于亚里士多德，而非牛顿![43]亚里士多德和爱因斯坦都使用了类似的论证方法。亚里士多德这位伟大的希腊人假设了空间的完全内在性，球形、有限的宇宙，排除了任何（空间）"外部"的概念，因为这假设了一个客观存在的空间，它必然是无限的，或者至少不能再被合理地设定边界。爱因斯坦的有限弯曲空间，也被认为是"无限的"，这在结构上是无法证明的。在每个有限性概念中都不可避免的"最终界限"问题仍然存在，即使通过唯心主义或数学的手段，它也不能降级为表象问题。爱因斯坦式宇宙是修正后的亚里士多德式宇宙，空间的巨大扩张并没有改变认识论的基本问题。每一种有限性理论最终都归结于一种修正后的地心观察方式。

另一个与经院哲学世界观类似的是或公开、或隐蔽的基本前提的教条化，即对泛化的单体观测提出绝对主张。人们经常断言，科学对现实的临时性和模型性理解只是在表面上与此相矛盾，它往往更具有"装饰"功能。各种出身的技术官僚成为"新神职人员"，他们与政治和社会强人之间的联系就足以说明问题。一个"我们这个时代的哥白尼"如果被转置到相应改变的整体条件中，将很难有机会在有名望的科学期刊上发表观点。主流观念的真理主张似乎是如此的根深蒂固，以至于这样的人物出现的可能性微乎其微，由此产生革命性的另类宇宙观也会被认为是不值一提。研究只能在现有模型的框架内进行，而科学权力精英们的肆意发挥被限定在狭小的范围之内。

第 5 章
日心说的起源

哥白尼将亚里士多德－托勒密世界体系中处于宇宙中心位置的地球换成了太阳,这被认为是与其名字相关的"转向"的要义。他认识到,地球家园在感官印象看来是静止不动的,但实际上却在"高速"运动中,由此赋予地球作为一颗行星的宇宙地位。通过这种方式,他揭示出人类感官对天体运动的直接感知不过是表象,并以相对的体系来反对地心说中绝对化的上下体系。然而,他并没有完全理解其宇宙观和认识论的内在意义。

在其学说的早期版本《短论》(Commentariolus)中,哥白尼将日心说的基本思想概述如下:

第一定理（prima petitio）：不存在一个所有天体或天体轨道共同的中心。

第二定理：地球只是引力中心和月球轨道的中心，并不是宇宙的中心。

第三定理：所有天体轨道都围绕着太阳，就仿佛太阳居于中心一样，因此宇宙的中心在太阳附近（omnes orbes ambire solem, tanquam in medio omnium existentem）。

第四定理：日地距离同天穹高度之比，比地球半径同日地距离之比还要小得多；与天穹高度相比，日地距离可谓微不足道。

第五定理：天空中所能见到的任何运动，皆由地球运动引起，而非其自身产生（non esse ex parte ipsius, sed terrae）；地球与附着于其上的元素每日围绕固定的中轴旋转，同时天穹作为最外层的天空保持不动。

第六定理：使人感到太阳在运动的一切现象，都不是由太阳自身的运动而产生的，而是由地球及其轨道运动造成的；我们的地球如其他行星一样绕日旋转。由此可见，地球同时进行着多种运动。

第七定理：人们所见的行星向前和向后运动，都不是行星自身的运动，而是在地球上所见的，仅凭借地球的运动便足以解释人们所见天空中的各种现象。[44] 不为其自身表象所惑，拒绝眼睛看到的表象，拒绝感官错觉，这就是相对性的要义。

在此要提出的第一个问题是：哥白尼是如何产生具有划时代意义的日地位置交换这一思想的呢？由此可以显示出哪些灵感、动机和影响？是否存在日心说的"前身"或早期形式？简而言之——哥白尼是如何做到的？相关研究详细揭示了哥白尼对天文学和哲学传统思维模式的执着，以及哥白尼作品中出现的对晚期经院哲学、人文主义和新柏拉图传统中某些思维元素的"穷尽"。唯一没有得到真正的解释就是——他是如何创新的，顶多是从遗传的角度来描述，而未得到解释、未得以解决的遗留问题相当的多。这只是一部分来源信息不充分的问题。从根本上说，这是关于巧妙设想的"解释性推导"问题，而且纯粹的猜想往往足以取代客观认识。各种类型的重要思想创造都很少是单维结构,查明它们的传记及思想史的起源时必须考虑到这种情况。下面,我将尝试对哥白尼的中心思想进行这样的推导。

哥白尼的谨慎

加在其代表作《天体运行论》的前面,致教皇保罗三世的献词在这方面发挥了关键作用。哥白尼写道:

> 圣明的主啊,我完全可以设想,一旦听到我在此书中将宇宙天体运动的运转归因于地球运动,某些人就会大叫大嚷,要把我和我的学说抛到九霄云外。我对自己的著作还没有偏爱到这种程度,以致不顾别人的看法;而且尽管我知道哲学家的深思与俗众的看法相去甚远,因为他的目的就是在上帝所允许的人类理性范围内探寻万物的真理,但我还是主张要摆脱掉那些错误的认识。
>
> 我深深地意识到,由于人们因袭很多个世纪以

来的传统观念，对于地球居于宇宙中心静止不动的见解深信不疑，所以我把运动归之于地球的想法肯定会被这些充耳不闻之人看作是荒唐之举。因此我犹豫了很长时间，无法决定是应该公开我所写的证明地球运动的著作，还是应该仿照毕达哥拉斯学派和其他一些人所为，仅仅只向亲朋好友口授哲学奥秘而不付诸文字，就像吕西斯（Lysis）给希帕克斯（Hipparch）的信中所说的那样……思前想后，我不得不担心我的理论中那些新奇的和不合时宜的东西会招致嘲笑，这个念头几乎使我把这部业已完成的作品束之高阁。

可是当我长期犹豫甚至快要放手的时候，我的朋友们使我坚持下来。其中第一位是卡普亚的红衣主教尼古拉·舍恩贝格（Nicolaus Schönberg），他在各门学科中都享有盛名。其次是我挚爱的蒂德曼·吉斯（Tidemann Giese），他是库尔姆地区的主教，专心致力于神学以及一切优秀学科的研究。我把此书束之高阁不只九年，而是经历了第四个九年，他在此期间反复鼓励我，有时甚至夹带责难，急切敦促我出版这部著作，让它最后得以公之于世。还有别的为数不少的杰出学者也建议我这样做，他们规劝我，不能再因为我的疑虑而拒绝把我的劳动果实贡献出来以飨数学爱好者。他们认为，尽管我的地动说在多数人看来相当奇怪，但是等我的阐释作品出版后，必将驱散迷雾，收获更多人的钦佩和欢迎。在他们的劝说下，我终于抱着这样的希望，同意着手出版这部朋友们期待已久的书。[45]

谁要是一想到教会对"哥白尼学说捍卫者"布鲁诺判处死刑，或想到伽利略的遭遇，就认为天主教会在哥白尼所处的时代已经公开反对日心说，那么仅凭献词这一事实就会证明这种观点是错误的。直到布鲁诺对哥白尼学说进行极端化的发展，以及明确提出反基督教的行为言论，才使哥白尼主义在教会统治者眼中成为邪恶的异端。这并不是说哥白尼的创新在经院教义学的框架内是没有争议或是"无害的"。哥白尼的表述非常小心谨慎，这就已经说明了问题。一开始，他把特定运动（quosdam motus）归因于地球，然后又说到"为了证明"地球运动而写的阐释作品等。直到序言的最后四分之一处，我们才发现了日心说的蛛丝马迹，而且是用了相当迂回的表达方式，后文将引用这些段落。

真正让人觉得石破天惊的事情是地球围绕太阳的轨道运动，而不是地球的自转，或者这至多算是次要问题。作为一种假设的可能性，巴黎的唯名论者约翰内斯·布里丹（Johannes Buridan）在 14 世纪中叶已经按照古代的模型提出了自转的问题。假设地球在宇宙中心的位置发生自转，这并不意味着对地心说构成根本威胁，这离假设地球围绕太阳公转还有很长的距离。

此处还必须考虑到发生在 1533 年（即《天体运行论》出版的十年前）的一个经常被提及的事件：德国法学家和东方学家约翰·艾伯特·威德曼施塔特（Johann Albert Widmanstadt）如他后来自述所说的那样，"在梵蒂冈的花园里向教皇克雷芒七世（Clemens VII.）解释了哥白尼关于地球运动的观点"（"... in hortis Vaticanis copernicanam de motu terrae sententiam explicavi"）[46]，他因此收到一份珍贵的希腊手稿作为谢礼。如果威德曼施塔特真的向教皇阐明了地球围绕太阳进行公转的学说，即宣扬了实际上相当"危险"的中心思想，那么这将是一个值得高度重视的事件，并且对于评估献词具有很重要的意义。

1633年，伽利略不得不宣布放弃哥白尼学说，而恰恰在一个世纪前，这一学说的传播者却在梵蒂冈收到了一份宝贵的谢礼！教皇克雷芒七世绝不可能认为他所了解到的哥白尼学说是具有攻击性或革命性的。尽管如此，对他表示感谢也不应该被理解为赞同该学说的意思。这当然是一种善意的表示。然而，如果威德曼施塔特带去的只是关于地球自转这一方面的哥白尼学说，那么这一事件就会失去很大一部分历史意义。在我看来，前一种说法似乎更有可能，特别是两年后的1535年，威德曼施塔特成了红衣主教舍恩贝格的秘书，哥白尼明确地把舍恩贝格算作促使他打破长期沉默，并向公众推出其代表作的人。

1536年秋，红衣主教尼古拉·舍恩贝格给哥白尼写了一封信，恳求他提供有关日心说更详细的资料，以及他的著作和相关表册的副本。从哥白尼将其纳入作品并放在献词之前，就可以看出他对这封信的重视程度。很明显，这样做是为了确保他的作品安全和合法化。红衣主教首先强调，他几年前就听说过大名鼎鼎的天文学家哥白尼，他清楚地知道，哥白尼建立了"一个新的宇宙体系"（novam mundi rationem，也可称为"关于宇宙的全新科学理论"），并在其中讲解了有关地球的运动、太阳在宇宙中的中心位置及恒星天穹永远固定不动的问题。[47]位于火星和金星之间的地球以一年为周期围绕太阳运转，这是在讲述月球运动中间接提及的。哥白尼可以把他的新学说［字面意思是"发明"（inventum）］传播给好奇和博学的人，并尽早把他在夜间研究的结果及相应的表格寄给他——舍恩贝格本人。"如果您在这件事上满足了我的请求，您就会意识到，您正在跟一个对您表示友好的人打交道，这个人想让您的伟大功绩得到应有的认可。"[48]

红衣主教的这些话确实鼓舞人心，但这与他的朋友库尔姆主教蒂德曼·吉斯所做的努力一样，未能促使哥白尼出版（已完成的）《天体运行论》。红衣主教舍恩贝格直到1537年夏天去世也没有见到信中所提到的副本。此外，哥白尼直到1524年仍然相信托勒密和其他古代天文学家的观测结果是可靠的，他在1537年秋天才开始进行新的行星观测，希望通过这些观测来纠正现在被认为是不可靠的古代测量结果。这些观测活动一直持续到1538年2月，但其结果却从未得到评估。吉斯不断提醒哥白尼准备出版《天体运行论》，哥白尼却引用吕西斯写给希帕克斯的信来反驳他，这封信甚至本应包含在其代表作之中，但后来却在第一版中被去掉了。因此，在献词中，哥白尼只是简短地提及了这封信。这里所表达出的对真正智慧和科学的深奥特性的信念是有启发性的，同样表达出来的还有对"普通民众"的蔑视——对普通人来说，更高层次的知识是向他们封闭而不可及的。哥白尼写到，他知道哲学家的洞察力是从"民众的判断"（iudicio vulgi）中抽离出来的，他据此做出限制，认为哲学"探索万物真理的努力"仅适用于"上帝所允许的人类理性范围"。根据哥白尼的观点，这种对知识的限制**并不**适用于宇宙学领域，而该学说与亚里士多德和托勒密学说的关键区别恰恰就在于此。哥白尼深信，物质宇宙的结构是能够以理性去理解的——宇宙被视为一个统一体，它反映了同样构成人类精神的原则。他在《短论》中着重指出，其宇宙体系的合理性是相对于传统天文学的重要优势。

要理解哥白尼数十年来对外的沉默，比最初看起来要困难得多。对于自己的作品出版，他究竟在担心什么？有一件事他肯定并不担心——宗教裁判所这一天主教会的权力机构。鉴于自布鲁诺和伽利略以来天主教会对哥白尼主义众所周知的反应，将这种恐惧放在他的身上是可以理解的，但这却是忽略了16世纪上半叶的历史现实。对于哥白尼在他那个时代历史框架中的感知条件下向同时代人传达其发现的根本困难，我们需要加以考虑。哥白尼知道，绝大多数人都不会接受地球运动的观点，会认为这是完全荒谬的；对于由视觉表象决定的日常经验的影响力，他不抱任何幻想。

他的作品据称将"通过最清晰的证据"拨开"荒谬的迷雾"（caliginem absurditatis），而这不过是科学家和天文学家的主张。新学说不应作为"启示"呈现给公众,甚至不应仅仅体现在其宇宙学和自然哲学的结论上,即脱离它们所依据的证据链,而应主要地并最终体现在它与整个数学天文学之复杂装置的耦合上。这部作品应该"让数学家普遍受益","数学家"在这里指的是"数学天文学家"。我们再一次引用献词最后那句具有"专家心态"特征的句子:数学的东西是为数学家撰写的。换句话说,数学天文学是专家的事;无知的"外行"必须保持沉默,不做任何评价。

有一段时间(1538年前后),哥白尼甚至打算只出版根据他的理论计算出的图表,即不对日心参考系进行任何文字上的解释。他认为,这样可以避免与那些无法理解其革命性观点的人发生自然哲学上的争论;而其他少数人,即"懂行的人",即使没有附带文字说明,也能理解其在天文学方面的创新点。为出版《天体运行论》做出不懈努力的蒂德曼·吉斯反驳了这一观点。他指出,没有注解的数字图表对于天文学家来说是有缺陷的,隐瞒真正的天文学新知一定会产生错误的结果。"哥白尼可以放心地忽略无知者的喧嚣。"[49] 1539 年，哥白尼对其作品的出版表示基本同意。最终是约阿希姆·雷蒂库斯（Joachim Rhetikus）排除了出版前的障碍，他于 1539 年春天到

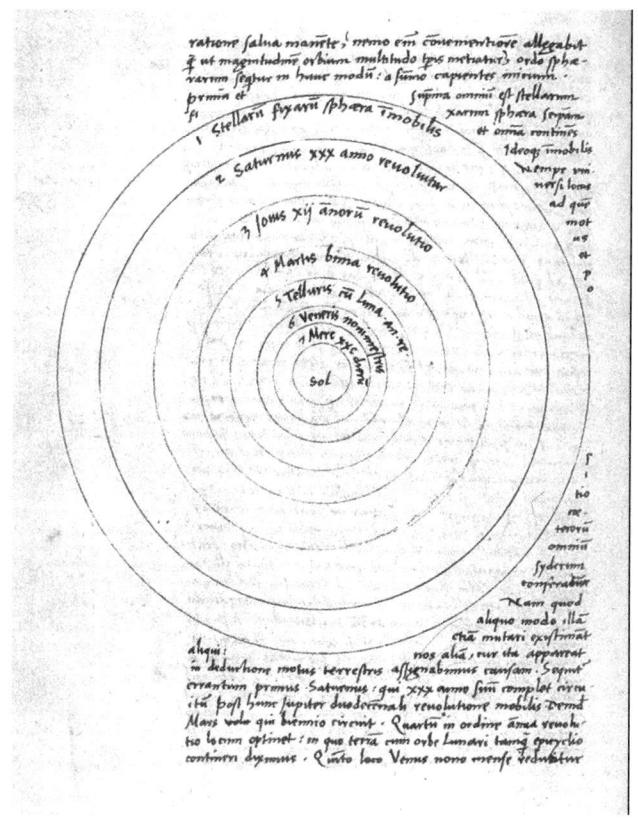

哥白尼《天体运行论》手稿

达弗劳恩堡,当时哥白尼还在忙着做最后的修正。

哥白尼的要求之一就是要在"专家们"面前能站稳脚跟——这只有通过最严格的验证才有可能实现,这也是对科学"创新者"的要求。尤其是他决不能犯任何错误,论证中的任何缺陷都很容易带来全局的崩溃。哥白尼知道这一点,因此,他觉得追求完美的证据链的努力还不够。日心说的宇宙学基础只能通过符合晚期经院哲学思维和想象模式的方式,或符合与亚里士多德物理学公理关系的方式,传达给同时代受过教育的人。晚期经院哲学中关于运动的相对性、投掷运动的特性(冲力说)和引力是相同的各部分相互吸引的思想,使得日心说的宇宙学基础更易于接受。晚期经院哲学的冲力概念意味着对亚里士多德的运动理论首次提出了质疑。根据该理论,被抛出的物体同时会有某种推动力作用于其上,即有一个更"间接"的运动因素,它是惯性原理的早期形式。

需要修正的内容

然而,我们不应高估晚期经院哲学对亚里士多德世界观的这些修正,从这些东西到哥白尼学说还有很长的路要走。决定性的因素是教条式僵化的地心说,即绝对化的上下体系。直到 13 世纪,教会官方的教义才与特定形式下对世界的物理－宇宙观阐释,即亚里士多德式阐释联系起来。而问题很明显,为什么宗教统治者会倾向于对这种对世界的阐释呢?在亚里士多德的宇宙中居于中心位置的是静止的地球,其中心点同时也是"不动的推动者",即绝对静止之存在的最远距离的中心点。只有通过天体运动这一媒介,神才能到达变化无常的俗世:一个又一个的天体分级运行,其相互之间的影响越来越弱,直至到达"尘世的渣滓"——需要救赎的人类世界,将不完美的东西从宇宙天体的和谐中完全分离出来。这与基督教的救赎思想相吻合,因此,亚里士多德的宇宙是可以被承认和接受的。(而在但丁的《神曲》中,宇宙的中心是魔鬼的家园!)尽管那些从基督教的观点来看不能接受的元素(比如有关世界的永恒性和非实体性的想法)必须被去除或否定,但亚里士多德关于以地球为中心的有限宇宙独特性的教条适合于教会的教义。在一个多层级居住的无限宇宙中,"上帝的独子"的观念显得很荒谬。

在古代世界,早期基督教徒被视作宇宙之敌,因为他们的末世论旨在毁灭这个宇宙。这在造物主和救赎主上帝的诺斯替主义二元论中体现得最为清楚。"诺斯替主义的救赎只能表现为对宇宙的破坏,如果不是毁灭宇宙的话……预示着一种末世论,因为人类的救赎只能在宇宙存在的情况下实现。诺斯替主义是激进的人类中心主义,它否定了人类在宇宙中的地位。"(布鲁门贝格)[50]

当宇宙毁灭时所希望的救赎未能实现或推移到不可预见的遥远之地时,基督教就只能被迫接受古代的宇宙形而上学。最后,人们采用了与基督教创造和救赎之间的深刻对照、最相容的宇宙观,即亚里士多德的宇宙观。在这一宇宙观中,人作为宇宙的"异化"生物而出现。由此看来,哥白尼主义可能会危及基督教的存在等级秩序,因为地球被提升为行星,成为神圣天体,同时这意味着在精神上消除了人类与宇宙整体的异化。地球乃至人类的宇宙尊严仿佛重新得以恢复。很明显，这不可能被教会统治者所接受，因为它会使基督教的救赎思想受到质疑。因此，将地球提升到神圣天体的地位（从而重新融入和谐的宇宙体系），这可能是哥白尼主义对教会而言真正的危险时刻，即使哥白尼学说的这层结论只在"异教徒"乔尔丹诺·布鲁诺身上才体现得那么明显。

新教一方首先强调了地球运动与《圣经》经文的矛盾，这最初并没有起到决定性的作用。直到路德针对"傻瓜哥白尼"说出那句著名的评论[1]，才使得《旧约》中有关约书亚的段落在与日心说的论争中发挥了关键作用。新教徒们尤其执着于圣经的字面意义。库尔姆的主教蒂德曼·吉斯，也是哥白尼最亲密的朋友，无论如何都不可能催促和推动出版一部他都会怀疑具有颠覆性的作品。很明显，他认为哥白尼对晚期经院哲学世界观的修正是能够被接受的。哥白尼本人似乎也相信，日心说的思想与晚期经院哲学的世界图式是可以融合的。

在这一点上，有必要概述一下日心说理念和《天

---

[1] 路德说，哥白尼"这个傻瓜想要推翻整个天文学"。

体运行论》产生时间的顺序。在献词中,哥白尼写道,在他把"此书束之高阁不是九年,而是经历了第四个九年"(sed iam in quartum novennium),蒂德曼·吉斯"反复鼓励"他,"有时甚至夹带责难,急切敦促"他出版这部著作,并让它最后公之于世。

这篇序言写于1542年,是在哥白尼同意出版这部作品之后,尽管他仍然坚信这部作品的部分内容需要修正。从数字上看,这个特殊的表达指的是27年或36年这么长的一个时间段。因此,这部著作最早的写作时间可能是在1506年,也就是哥白尼的中年时期。1509年,他将泰奥菲拉克特·西莫卡塔(Theophylactos Simocatte)的《书信》从希腊语翻译为拉丁语并出版,放在正文前的还有他的朋友劳伦丘斯·科维努斯(Laurentius Corvinus)的一首诗,其中称赞哥白尼是"一个博学多才的人","他知道如何看待月亮的快速运行、兄弟星与行星的同步运行、恒星以及全能者的伟大工作,他知道如何用奇妙的原理探究事物的隐藏原因"[51]。这一表述可以被解释为对地球运动学说的隐喻,哥白尼当时可能已经向亲密的朋友们透露了这一学说。但这里不能确定的是，此处提到的"兄弟星"是不是指地球。

哥白尼先是在克拉科夫上大学（1491—1494年），在那里掌握了托勒密天文学的基本原理及天文仪器的使用方法。关于当时欧洲天文学的情况，应该指出的是，尽管从 12 世纪起就有了《至大论》的拉丁文译本（尽管有部分歪曲和不完整之处），但直到 15 世纪下半叶才算得上是在科学上接受了这部令人钦佩的作品。天文学家格奥尔格·普尔巴赫［Georg Purbach，又称波伊尔巴赫（Peuerbach），1423—1461年］和雷吉奥蒙塔努斯（Regiomontanus，原名约翰内斯·穆勒，Johannes Müller，1436—1476 年）这两个人尤为重要。后者是哥白尼之前最伟大的欧洲天文学家，他首次研究了希腊语权威版本的《至大论》，发现了托勒密体系的一些缺陷和不准确之处，但没有从根本上质疑它们。

直到自称是雷吉奥蒙塔努斯学生的多梅尼科·诺瓦拉（Domenico Novara，1454—1504 年）才对托勒密天文学（和亚里士多德物理学）产生了根本上的怀疑。诺瓦拉自 1483 年起担任天文学教授,是哥白尼在博洛尼亚大学的老师之一。两人来往密切,有些私底下的联系,可以肯定的是,诺瓦拉也将他心中的疑虑传递给了他的学生。在帕多瓦,哥白尼获得了关于西塞罗(Cicero)所提到的毕达哥拉斯学派学者希西塔斯(Hicetas)的重要参考资料。根据特奥弗拉斯图斯(Theophrastus)的说法,希西塔斯认为:除了地球以外,宇宙中没有任何天体在运动。在《天体运行论》的献词中,哥白尼说他"首先在西塞罗的著作中"查阅到,"希西塔斯认为地球在运动"[哥白尼在此处写的名字是尼凯塔斯(Nicetas),而不是希西塔斯(Hicetas)]。希西塔斯的学说可能是"对宇宙中只有地球处于静止状态这一观点最为极端激进的反对"[52],这有力地促进了对传统天文学的质疑。由普卢塔赫(Plutarch)传播开来,同样起到了促进作用的还有毕达哥拉斯学派的菲洛劳斯(Philolaos)和赫拉克利德斯及"日心论者"阿利斯塔克的学说。这一点将在后面加以讨论。

无论我们如何从哥白尼革命的起源开始着手研

究其时间顺序，可以肯定的是，哥白尼在 1514 年前就已经完成了其学说的初稿。1514 年 5 月，在克拉科夫一位教授的图书馆目录中，也提到了一篇"关于地球运动与太阳静止论"的小论文[53]。虽然既无标题又无作者署名，但各种迹象表明，这就是关于日心说世界体系的早期论文，以《短论》闻名于世。该论文的两个副本分别于 1877 年和 1881 年首次被发现。论文的完整标题是：《尼古拉·哥白尼关于他自己建立的天体运动假说的短论》(*Nicolai Coppernici de hypothesibus motuum coelestium a se constitutis commentariolus*)。

1543 年 5 月 24 日，哥白尼临终前看到了第一版的《天体运行论》，若是没有持续了十多年的修正，该作品将在 1532 年前后完成。最早完成的部分可能是写于 1522 年之前，如第一卷的第十章。

在《天体运行论》的献词中，针对天文学革命的起源和动机，哥白尼发表了自己的见解：

然而，陛下，您也许不会感到惊奇，我现在竟然敢于把自己花费无数夜晚和巨大精力研究出来的结果公之于世，并不再犹豫向科学界陈述我的地动学说。但学者们大概也更想听我谈谈，我怎么会违反数学家们的传统论点，而且几乎是违反常识，竟敢设想地球在运动。因此我不打算向教皇陛下隐瞒，只是由于认识到数学家们对天球运动的研究结果并不一致，这才促使我考虑采用另一套体系去计算。

首先，他们对太阳和月球运动的认识很不可靠，他们甚至对回归年都不能确定和测出一个固定的长度。其次，不仅是对这些天体，还有对五个行星，他们在测定其运动时使用的不是同样的原理、假设，对视旋转和视运动观测的证明也不一致。有些人只用同心圆，而另外一些人却用偏心圆和本轮，尽管如此都没有完全达到他们的目标。虽然那些相信同心圆方法的人证明了用同心圆能够叠加出某些非匀速的运动，然而他们用这个方法却不能得到任何与观测现象完全相符的结果。另一方面，那些设想出偏心圆的人通过适当的计算，似乎已经在很大程度上解决了视运动的问题。可是这时他们引用了许多与匀速运动的基本原则显然抵触的概念。最重要的是,他们也不能从偏心圆得出或算出宇宙的结构及其各部分真实的对称性。与此相反,他们的做法正像一位画家,从不同角度去临摹手、脚、头和人体其他部位,尽管都可能画得非常好,但不可能画出一个比例协调的人体。这是因为这些部分彼此间完全不协调,把它们拼凑在一起就成了一个怪物,而不是一个完整的人。因此我们发现,那些人采用偏心圆论证的过程,或者叫作"方法",要不就是遗漏了某些必要的东西,要不就是塞进了一些外来的、毫不相干的东西。如果他们遵循正确的原则,这种情况绝不会发生。如果他们所采用的假设不是错误的,由他们的假设所得出的每个结果都无疑会得到证实。即使我现在所说的也许是含混难解的,它将来终归会在适当的场合变得清晰可辨。

于是,我对数学传统中关于天球运动研究的紊乱状态思考良久,想到哲学家们对于那些单个的天体运行倒是考察得十分仔细,却不能确切地理解最伟大的造物主按照最精确的法则为我们创造的世界机器的运动,我就感到相当懊恼。[54]

在这里，哥白尼毫不含糊地概述了他的变革原则，并指出在传统天文学中明显有一些他完全不能接受的东西。哥白尼时代的天文学家被地心说束缚，他们不断在基本模型之上创建新的变体，以应对托勒密模型越来越明显的不准确之处。因此，几乎谈不上有所谓统一的托勒密天文学，而是有十多个相互矛盾的变体形式。"哥白尼所说的'怪物'有许多张其他面孔。哥白尼所知的'托勒密体系'没有一个能完全符合肉眼观测数据。"[55]

此外，还有一点：行星数据的不准确和错误，使预测无法实现准确。常见的行星位置图往往基于错误的数据，正是由于这个原因，根本无法解释这些图表。这不仅是一个观察和测量不准确的问题，也影响了实际正确的测量数值的传播。哥白尼手头掌握的数据即使是使用牛顿的天体力学也无法进行合理分类和"解释"。这里面含有某种讽刺意味。"哥白尼本人也是这些数据的受害者之一，尽管它们在一开始帮助他抛弃了托勒密体系。假使哥白尼能像对待前辈的数学体系那样，也对他们的观测数据持怀疑态度，那么他的体系会得出更好的结果。"[56]但指出预测的不准确性,以及展示出天球外壳与本轮体系之间的差异,只是触及了问题的最表层。

哥白尼关注的不仅仅是天文系统的运动学功能,即它们准确预测可观测天体位置的能力,还有他明确称之为"主要任务"的东西——"……宇宙的结构及其各部分的真实对称性(rem quoque praecipuam, hoc est mundi formam ac partium eius certam symmetriam)"。他所看到的是作为整体的宇宙和谐统一法则结构的基本理念是危险的或被毁坏、扭曲到畸形的东西。他关心的是一种(在"宇宙"这个词的古老意义上)对宇宙的思想拯救,这种"拯救"也是对人类、对人类理性的拯救。将身体各部位拼凑成一个怪物的比喻不仅具有直观说明的作用,其他比喻也可起到这样的作用,此处更多的是用以暗指人类认知能力和宇宙秩序的结构统一体。宇宙结构,即"世界机器",是"最伟大的造物主按照最精确的法则为我们创造的(propter nos)"。这种人类中心主义的表达(世界是为人类而创造的,因此人类是世界的意义中心）绝不是向献词的对象即教皇保罗三世作出妥协，而是归于人文主义传统的声明，这无疑是与经院哲学相矛盾的。[57]

经院哲学采用并延续了亚里士多德的宇宙观，将人类从神的直接影响范围，即月球上方的宇宙秩序中驱逐出去，并在宇宙中为他们分配了一个远离神的位置，且这个位置的形态变化相当混乱。需要救赎的人无法通过理性对"更高领域"进行超越假设的充分认识。哥白尼让这一经院哲学的前提受到了直接的质疑。他假设了宇宙的**统一性**，包括其合理性，这完全是毕达哥拉斯－柏拉图式的，将其自身显示为一种数字上可理解的形式。

在《短论》序言中，哥白尼写道：

尽管托勒密及其他大多数天文学家所告诉我们的理论（指本轮系统）与大量的数据相符，但仍存在许多漏洞和问题，即除非构想出相应的补偿运行轨道，否则这些理论是不成立的，从中可以看出，行星并不总是以恒定的速度在其均轮上或相对于其自身的中心运动。因此，这种观点似乎还不够完美，也不够理性。当我现在认识到这一点时，我常想，是否还能为天体运行轨道找到一个更合理的解释。根据这样的轨道，可以看出每一个均差，且其中的一切都会环绕各自中心点做匀速运动。这也是绝对运动定律所规定的。[58]

哥白尼在谈到所谓的偏心匀速点时，提到托勒密违反了柏拉图式的匀速圆周运动定律，他希望保留这种匀速性，因为它产生于一种合理的假设。在《短论》中，合理性几乎等同于简单性。由于意识到在《天体运行论》中没有满足这种希望实现的简单性（这本著作的复杂程度几乎不亚于《至大论》），哥白尼在此放入了宇宙秩序的人文适宜性思想。

他提出，物质宇宙有合乎理性的和谐和结构上的统一，由此反驳了地心主义者粗暴的空想，回击了他们怪诞的世界观，由此产生了对天球顺序的结构性限制。这个顺序现在必须满足物理学，甚至要部分满足力学上的可能性，这几乎就排除了行星球体的重叠和相互排斥。至此，哥白尼将天文学与物理学结合起来，消除了月上和月下区域之间的本质区别。在《天体运行论》第一卷第十章阐述了日心说天球的顺序之后，他写道："因此，我们发现在这种排列的背后是宇宙令人惊叹的对称性（admirandum mundi symmetriam），以及天球运动和轨道大小之间固有的和谐关联，而这都是其他办法发现不了的。"[59]

哥白尼的学生约阿希姆·雷蒂库斯在他的《关于哥白尼〈天体运行论〉的第一份报告》(*Narratio Prima*)中也提到了哥白尼体系中"运动和轨道的对称性和交织性与这些神圣的天体十分相称"，"由于人类的精神与天体有亲缘关系，它比任何人类语言的描述更快地把握住了这一点"[60]。雷蒂库斯在解释他老师的认识论前提时谈到的这种"亲缘关系"，只有在它与人文主义传统下人类中心主义表达的关系中才能被完全理解：物质宇宙的结构将由人类理性所掌握；理性的秩序原则就是宇宙的秩序原则。对哥白尼来说，数字和几何图形的思想世界是理性与自然之间的实际"联系"，后来的开普勒和伽利略也是这样认识的。

教皇保罗三世的鼓励

在关于世界的人类中心主义秩序的声明之后（这与地球是否居于宇宙中心无关），哥白尼写道：

因此，我再次阅读了我能找到的所有哲学家著作，想知道有没有人提出过与各数学学派不同的天球运动假说。我先是在西塞罗那里发现希西塔斯已经认识到地球在运动。然后我又在普卢塔赫那里发现还有别的人也持此类观点。为了让所有人都能读到，我想在这里引用普卢塔赫的原话："有些人认为地球静止不动。但毕达哥拉斯派的菲洛劳斯认为，地球像太阳和月亮一样，沿着倾斜的圆周绕（中心的）一团火运行。赫拉克利德斯和毕达哥拉斯学派的艾克方图斯（Ekphantos）也认为地球是运动的，但不是直线运动，而是像轴上的车轮，围绕着自身的中心不断旋转起落。"

就这样，受到这些资料的启发，我也开始考虑地球的运动问题。虽然这个观点看上去很荒谬，可是既然知道了在我之前已经有人可以随意地想象这种圆周运动以解释天文现象时，那么我就想，我也可以用地球有某种运动的假设，来确定是否可以找到比前辈们更可靠的对天球运行的解释。

于是，我在后文中就从假定地球处于运动之中出发。经过长期持续的观测，我终于发现，如果把其他行星的运动与地球圆周运动联系起来，并按每一行星的轨道来进行计算，就不仅会得出各种观测现象的原因，而且所有恒星和天球的规律及大小，以及天体本身都相互关联，以至不能变动其中任何一小部分而不会在整个宇宙中引起混乱……我毫不怀疑，有真才实学的数学家们，只要他们愿意按照哲学的要求，深入地而不是肤浅地思考我在这本书中提出的立论依据，就会赞同我的观点。但无论是博学者还是无知者都会看到，我不回避任何人的批评。我选择将我的这些研究成果献给教皇陛下您而不是别人，这是因为，在我所居住的地球一隅之中，就教廷尊严和对学问与科学的热爱而言，陛下乃是至高无上的人。尽管谚语有云"暗箭难防"，但您凭着您的威望和判断力定能轻而易举地制止诽谤者的中伤……数学方面的内容是为数学家而写的。如果我没弄错，他们会看到，我的努力多少会为以您为首的教会做出贡献。因为不久前，在利奥十世（Leo X.）治下，教会就修正教历的问题在拉特兰宗教大会上进行了讨论，最终却是因为不能精确地测定年月的长度和日月的运动而未能得出定论。在曾经掌管历法事务的佛桑布朗大主教保卢斯（Paulus）这位杰出人物的启发下，我从那时起开始思考对如何对这些现象进行更精确的观测。我想让博学的数学家，特别是教皇陛下您来评判我取得的成果。为了不使您觉得我要夸大本书的作用，现在我就开始言归正传。[61]

插个题外话，我们应该对教皇保罗三世，也就是这篇献词的对象说上几句。他的工作（1534—1549年）与哥白尼学说的命运有着双重联系：在1542年，也就是献词起草的那一年，他仿照西班牙的先例，在罗马建立起一个新式的宗教裁判所。同时，他还试图在瑞士的特里安召开宗教改革会议，以巩固罗马教会的思想垄断和权力政治地位。由于在政治上遭遇困境，以反宗教改革为使命的特里安会议直到1545年年底才开幕，会议结束一年后的1564年，臭名昭著的《禁书目录》（*Index librorum prohibitorum*）出炉了，直到1965年才被废止。该"目录"反映了反宗教改革时期思想氛围的紧张。哥白尼的代表作于1616年被列入《禁书目录》，又分别在1822年和1835年从《禁书目录》中删去。

正如前文已经提到的，哥白尼对宗教裁判所并没有那么感到恐惧（16世纪上半叶的情况与布鲁诺和伽利略时代完全不同）。当哥白尼认为他必须把自己心血之作置于教皇的庇护之下时，他并没有表现得像个机会主义者。他在此处可能有那么一点"以进为退"的意思，但天主教会领袖的人文主义倾向是可以得到保证的，这使得哥白尼称西塞罗为自己的天文学改革的启示来源，这看上去很合乎逻辑。人文主义的柏拉图式倾向确实可以追溯到西塞罗，西塞罗知道如何将自己表现为柏拉图主义者。[62]

将"异教的"人文主义重新纳入天主教会，这要归功于教皇保罗三世。哥白尼将自己的创新作为人文主义研究成果的展演，也是恢复人类的宇宙认知尊严。在这种意义上，哥白尼的这种努力是在一个完全属于"时代典型"的相关领域中的活动，他从中获得了认证，并得到了鼓励，得以直接向教皇献辞。序言中提到的"希望进行历法改革"可以追溯到1514年，当时，儒略历的误差已经累积到10天之久，迫切需要重新编排历法。教会也曾向哥白尼征求过天文学方面的意见（这至少需要一定程度的熟悉），但他拒绝就历法改革问题发表自己的意见，理由是到目前为止，对年的长度和月球的运动测定还不够精确；同时，他表示愿意在自己今后的研究中提供符合精确性要求的信息。因此，他能够在序言中指出，"我们的工作也可以为教会做出贡献"，这不能被误解为"讨好"。事实上，哥白尼的图表在最终于1582年实现的历法改革中发挥了重要作用。尽管如此，这与承认它们所依据的日心说没有任何关系。

毕达哥拉斯学派的影响

人文主义与亚里士多德主义的对抗需要通过同等

重要的古代"反动权威"来获得合法性。为此，只有搬出柏拉图这位主要凭借其《蒂迈欧篇》而受到钦佩的古代圣贤。这部作品中强烈的毕达哥拉斯元素，如数学自然科学的概念，反过来又将毕达哥拉斯和他的学派置于人文主义崇拜的视野之中。哥白尼提到毕达哥拉斯学派对地球运动学说的表述，其根源就在于此。不仅在《天体运行论》的序言中，而且在第一卷第五章中也强调了，希西塔斯（或尼凯塔斯）、菲洛劳斯、赫拉克利德斯和艾克方图斯都是地球运动的支持者："进一步说，既然包容万物并为之提供栖身地的天穹构成一切物体共有的太空，乍看起来令人不解，为什么要把运动归于被包容者而不归之于包容者，为什么要归于被规定者而不归之于规定者呢？据西塞罗记载，毕达哥拉斯学派的赫拉克利德斯和艾克方图斯，以及希西塔斯都持有这种见解。他们都让地球在宇宙的中央旋转，并认为星星落下是由于被地球遮住了，当地球转过这个位置才会再次升起……地球除了旋转之外还有好几种运动，它其实是一颗行星。这是毕达哥拉斯派的菲洛劳斯的观点。据柏拉图的传记作者说，菲洛劳斯并非一般的数学家，柏拉图急着到意大利去，就是为了去拜访他。"[63]

就地球的运动学说而言，必须区分两种主要的运动类型，即轨道运动和自转运动。哥白尼引用西塞罗《论学园派（前篇）》（*Academica priora*）中的一段话是这样说的：

> 正如特奥弗拉斯图斯所说，希西塔斯认为，太阳、月亮和星星这样的恒星及整个宇宙都静止在空中，除了地球，没有任何天体在运动。由于地球以最大的速度绕其轴线旋转，这将产生与地球静止和天空移动时完全相同的现象。[64]

如前所述，哥白尼首先是在帕多瓦（1501年）注意到了这段话，这段话表述得很清楚——至少太阳、月亮、行星和恒星天球的逐日西移被认为是由地球自转引起的现象。埃提乌斯（Aetius）说，赫拉克利德斯和艾克方图斯提出了这一论断——"地球的运动当然不是从它的位置出发去穿行过整个宇宙"，而是"像轴上的车轮，从西向东绕它自己的中心旋转"[65]。为了避免误解，明确区分了所提到的地球的两种运动方式。赫拉克利德斯和艾克方图斯只讲到了地球的自转，而不会去讲地球的轨道运动。

柏拉图的学生，本都的赫拉克利德斯，最终被哥白尼与地球自转学说联系在了一起。同样是这个赫拉克利德斯，已成为一个不完整的日心体系的创立者，在这个体系中，水星和金星不"直接"围绕地球运动，而只是"间接"产生运动，因为它们围绕着太阳运动，而太阳又围绕地球运动。尽管哥白尼应该知道这一点，但他没有去提及。这就创造了一个独立的太阳-水星-金星系统，它作为一个整体在环绕地球的圆形轨道上运动。这与第谷·布拉赫（Tycho Brahe）的观点颇为相似。在第谷体系中，太阳和月亮围绕着地球转，而其他行星则围绕着太阳转。赫拉克利德斯行星理论的提出就是为了使水星和金星轨道难以推导的特殊性得到理解。对于地球上的观察者来说，这两颗行星都与日盘有着密切的联系。"水星总可以在运动的日盘周围28度以内找到，而金星与太阳的最大距角是45度。两颗行星总是持续缓慢地来回穿梭，前前后后地跨过运动着的太阳。有一段时间它们随太阳向东,然后会逆行,最终又掉过头来再次追上太阳。当处在太阳的东边时,这两颗内行星会作为'暮星'出现,它们在日落后的短暂时间内可以见到,但很快便随太阳一起落到地平线以下。在逆行穿过日盘之后,它们又变成了'晨星',在黎明即将到来时升起,并在日出后的强烈日光下消失。在这期间,它们由于太接近太阳而完全看不到。"[66] 与火星、木星和土星不同,它们从不与太阳形成"对冲"。

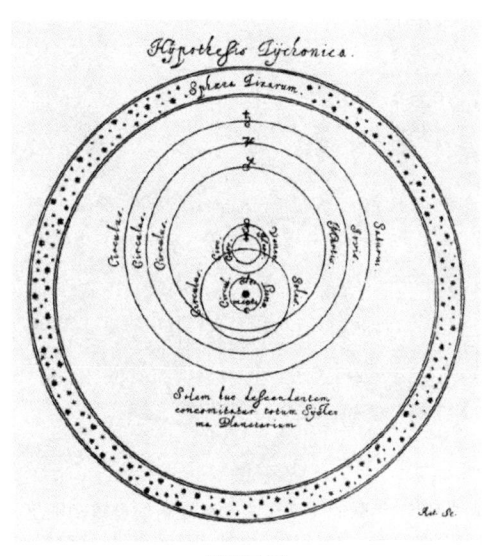

第谷体系

在里奇奥利 1651 年版的《新天文学大成》的卷首插图里，哥白尼的图示和第谷的图示被置于缪斯女神天平的两端，而托勒密的图示则被置于地上。

在古代地心说的参考系中，这导致了一个问题：这两颗行星应该被归入哪个星系？而这又与太阳在天球上的定位有关，即太阳处于哪个星球和位于"最底部"的地球之间。早在埃及和巴比伦的天文学中，以及在毕达哥拉斯学派眼中，太阳被分配到地心体系行星运行轨道中的第四轨道上，这样的轨道总共有七个。这导致了太阳处于宇宙半径上的中心位置——太阳轨道正好在有月球、水星和金星的轨道与有火星、木星和土星的另一个轨道之间。托勒密天文学也将太阳分配到地球和外环宇宙之间半径上的中心位置。与此相反，柏拉图和亚里士多德认为，太阳在第二层同心球壳中运行。《蒂迈欧篇》中说："神在大地之上的第二条轨道上点燃了一堆大火，好让它能够照亮整个天空。"[67]在描述行星是"时间创造者"的同一段话中，柏拉图强调了水星、金星和太阳之间的密切联系。据普罗克洛（Proklos）所言，柏拉图在他的晚年演讲《至善论》中用三个天体的形而上学亲缘关系来证明这一点，这可能才促使他的学生赫拉克利德斯构建出了一个以太阳为中心的子系统。

顺便说一句，柏拉图在晚年似乎认为地球中心说是错误的，但这并不意味着，他因此就成了一个"日心论者"[68]，更可能的是会回到他早就熟知的毕达哥拉斯学派的地动说，特别是菲洛劳斯的地动说。哥白尼所提到的柏拉图对菲洛劳斯的拜访，是由第欧根尼·拉尔修（Diogenes Laertius）所讲述的。然而，柏拉图当时只有28岁，我们并不知道他的"思想转变"是如何形成的。无论如何，亚里士多德尖锐地抨击了晚期毕达哥拉斯学派的天文世界观，指责他们无视经验主义，"根据纯粹的理论思维"来解释天体现象。[69]他写道："虽然大多数（物理学家）认为地球位于（宇宙的）中心，但被称为毕达哥拉斯学派的意大利哲学家们却持相反的观点。他们断言中心是火，地球只是行星之一，当地球围绕中心做圆周运动时，就造成了白昼和黑夜之分。"[70]

因此，晚期毕达哥拉斯学派似乎是率先声称地球在宇宙中进行轨道运动的思想家。他们认为，像其他包括太阳和想象中的"反地球"行星一样，地球围绕着"中央之火"做圆周运动,"中央之火"就是宇宙中心的一个巨大火源和光源。哥白尼继续引用菲洛劳斯的话:两人都努力证明地球参与构成了宇宙整体的和谐,从而表达了与亚里士多德和经院哲学的地心宇宙体系截然相反的立场,在这个体系中,恰恰要加以强调的就是地球的"非恒星"性质。

对阿利斯塔克学说的发展

《天体运行论》印刷版与哥白尼手稿最重大的偏差就在于后者的一段文字被删除了。这令人费解,这段文字将菲洛劳斯的天文学说与阿利斯塔克的天文学说联系起来,(生活在公元前3世纪的)后者是古代世界最伟大的天文学家。哥白尼在此处写道:"我承认,太阳和月亮的运动也完全可以用一个静止的地球来说明。然而,这对其他的行星来说是不适宜的。基于这些原因和类似的缘故,菲洛劳斯相信地球在运动,这是有道理的。还有一些人认为,阿利斯塔克也持相同的观点,他没有被亚里士多德所提出的论据和观点所说服。"[71]

是什么原因促使哥白尼在去世前不久向公众隐瞒了对他发起的天文学革命而言最重要的古代资料？诚然，阿利斯塔克这个名字还是在《天体运行论》中的很多地方出现了，却总是出现在无关紧要的地方。即使是所引用的关于阿利斯塔克的段落（哥白尼认为可以将其删除），也没有明确阐明，阿利斯塔克宣讲了地球围绕太阳运动，而仅限于提及证据，这本身就有误导性，似乎阿利斯塔克由于上述原因而相信"地球在运动"。只有关于菲洛劳斯的言论才清楚地表明，在此讨论的不仅仅是地球的自转，而且也是关于它的圆形轨道运动。阿利斯塔克不仅是历史上记载的第一个"日心论者"，而且也是计算日月距离的巧妙而简单方法的创造者。这种方法基于月食期间的观测，其间月球逐渐穿过地球阴影，发挥了重要的作用。[72]由于只能依赖于地球、月球和太阳三者之间的相对位置，所以阿利斯塔克的这种计算方法在地心体系和日心体系中都可以应用。

阿利斯塔克的地球绕日轨道运动学说最重要的两个来源是普卢塔赫的《论月面》(*Vom Gesicht im*

Monde）和阿基米德的《数沙者》（*Sandzahl*）。阿基米德写道："他（阿利斯塔克）假定，恒星和太阳是不动的，地球围绕太阳做圆周运动，而太阳位于地球运行轨道的中心，恒星天球的中心位于太阳的中心，恒星天球特别巨大，以至于地球轨道的外围到恒星的距离，就如同天球的中心到表面的距离一样。"[73] 阿利斯塔克宇宙观的大胆和激进性显得清晰起来，宇宙的巨大规模使地球轨道变成了一个点，所以从这个点是看不到恒星视差的。普卢塔赫说："阿利斯塔克说星空保持原位不动，而地球在一个倾斜的圆形轨道上运动，同时绕着自己的轴旋转，他以此来解释天体现象。与此同时，克林安泰（Kleanthes）认为，希腊人应该以亵渎神明的罪名对他进行审判，因为他试图搬动宇宙的神圣火炉。"[74]

正如我们所看到的，在亚里士多德-经院哲学的观点中，地球绝不是"宇宙的圣炉"。在这方面，不能因为斯多葛派学者克雷安泰的抱怨就草率地"赋予"哥白尼学说某种现实命运。然而，值得注意的是，梅兰希通（Melanchthon）在粗暴地拒绝他认为很荒谬的地球运动论时,称哥白尼是一个自命不凡的创新者,并将他与阿利斯塔克相提并论,他只提到了阿基米德的说法,而没有提及通过普卢塔赫所传播的对地球在宇宙中"移位"的无神论指控。这发生在1549年,也就是哥白尼去世6年后。有可能在哥白尼生前,即在《天体运行论》出版之前,哥白尼学说与阿利斯塔克学说就已经是并行不悖了。

1540年,随着约阿希姆·雷蒂库斯的《关于哥白尼〈天体运行论〉的第一份报告》的出版,哥白尼世界体系首次被更多公众所了解。受过人文主义教育的同时代人熟悉上述普卢塔赫和阿基米德的著作,因此他们会把哥白尼看作是第二个阿利斯塔克,这大体上是没错的,尽管他从毕达哥拉斯学派那里得到的"启发"在历史影响方面更为重要。在这里,文艺复兴时期重获生机的神秘主义传统可能产生了影响;不仅乔尔丹诺·布鲁诺,还有开普勒和牛顿都在哥白尼身上看到了古代毕达哥拉斯式智慧和科学的创新,而在伟大的哥白尼主义者中,只有伽利略提到了阿利斯塔克。

在《短论》中,上述人物对它并不了解,针对他人可能提出的诘难,即指责他与毕达哥拉斯学派一起"无缘无故地"(temere)假定地球在运动,哥白尼为自己进行了辩护。[75]哥白尼似乎最害怕的就是被受过教育的同时代人贴上创新者甚至颠覆者的标签,再加上世人对他所代表的学说在理论上的武断和自然哲学上的荒谬抱有敌意。因此,他认为必须把自己的科学标准定得更高。

托勒密带来的困难

对哥白尼天文学革命的起源只能进行不充分的重建,从古代宇宙学中得到的那份推动力难以详细加以确定。但阿利斯塔克一贯倡导的日心说所起的关键作用是无可争议的。毕达哥拉斯的地动说和赫拉克利德斯的"部分日心说"所起的作用只能放在次要地位。这些"启发"自然说明不了什么,充其量只是指明了方向。可以肯定地说,《天体运行论》第一卷中提出的证明顺序没有继承性的意义,也就是说,它并不能反映基本思想的发展。相反,它应该被看作是在形式上仿造托勒密《至大论》的产物。根据晚期毕达哥拉斯学派的模型，恒星星空的周日运动可能存在的表象问题当然不是一开始就有的，更有可能的是天球的排列顺序问题，特别是水星和金星的排列顺序。

在第一卷的第十章［《天球的顺序》（*Über die Reihenfolge der Himmelskreise*），这也许是《天体运行论》中最古老的部分］中写道：

谁也不会怀疑，在一切看得见的物体中恒星天球是最外层最远的。至于行星的次序，古代哲学家们想按运转周期来排列。他们的理由是，以相同速度运动的物体，越远看起来动得越慢，这是在欧几里得《光学》（*Optik*）中得到证明了的。因此，他们认为月亮运转一圈的时间最短，因为它离地球最近，转的圆圈最小。在最远的地方是土星，它绕的圈子最大，所需时间也最长。比它近一些是木星，然后是火星。至于金星和水星，看法就有了分歧，与其他行星不同，它们从来不会像别的行星那样有一段时间完全离开太阳。因此，有些人把它们放在太阳之上，如柏拉图在《蒂迈欧篇》中所写；另一些人却把它们放在太阳之下，例如托勒密和许多现代人……柏拉图的门徒认为，所有的行星本身都不发光，只能反射太阳光，因此，如果它们处于太阳之下，就会因为与太阳接近而呈现半圆或是圆的一部分，它们接受的光大部分会向上反射，即朝向太阳，正如新月或残月的情形。此外，他们还说，有时行星在太阳前面经过会掩食太阳，其亮度与行星的大小成正比，但从来没有人观测到这种现象，因此柏拉图的门徒认为，这些行星决不会运行到太阳之下。[76]

托勒密画像

这里提到的水星和金星天球排序的困难指出了在地心天文学基本模型中仅存的解释余地，有必要弄清楚这两颗行星与太阳的明显联系是如何产生的。托勒密强调，太阳球体的位置在天文学上是无法确定的，它要么是在月球上方，要么是在月球、水星和金星轨道的上方。他所做的天球分配是基于时间排序方法，由此能够容忍空间上的不相容性。因此，水星轨道紧随月球轨道，是第二轨道，而金星被分配到第三轨道，太阳位于第四轨道，然后是火星、木星和土星——每条轨道的周期都随着与地球距离的增加而增大。在这种排序下，水星和金星的相位变化（类似于月球一样的相位变化）无法用肉眼观察到，并且由于直到1609年才发明望远镜，因此无法加以证明。假设金星在地心轨道上运行，更准确地说，如果金星固定在本轮上，本轮沿着以地球为中心的均轮上运动，那么地球上的观测者最多只能看到金星新月形的边缘。但如果让金星的轨道环绕太阳，地球上的观测者就应该可以看到几乎整个相循环。在日心体系中，在金星从太阳的后面经过之前和之后都能看到几乎整个金星圆盘。当金星在轨道上靠近地球时，金星圆盘的新月形状会变大，同时可观测的圆盘整体尺寸会增大。如果没有望远镜，水星和金星在太阳圆盘前的路径也是无法观察到的。

在上面引用的文字之后，哥白尼列出了托勒密对行星轨道的排列所带来的其他困难，以此继续自己的论证：

> 但是，有人把金星排在太阳之下，然后是水星，或者用别的什么次序。他们能提出什么理由来解释，为什么这两颗行星不像其他行星那样，遵循明显不同于太阳的单独的轨道呢？即使行星的相对快慢与排列顺序一致，仍然存在上述问题。

> 因此，有必要得出这样的结论：要么是按行星和天球的顺序，地球并非中心；要么就是它们不存在依照顺序固定的位置，也没有理由表明为什么是土星而不是木星或别的行星位于更高的位置。[77]（没有一个充分的理由来说明行星的顺序，这种情况是哥白尼不能接受的，因为它与物质宇宙的合理可及性这一认识论前提相矛盾。）所以我认为，我们必须认真考虑马

丁纳斯·卡佩拉（Martianus Capella），他谈到过赫拉克利德斯的"部分日心说"和某些其他拉丁学者的见解，前者编纂了一部百科全书，后者也认为他很有智慧。他们都认为，金星和水星以太阳为中心旋转，这就可以说明为什么这些行星偏离太阳不能超过它们的轨道所容许的程度……这些学者认为，它们的天球中心靠近太阳，这是什么意思呢？水星轨道肯定是包在金星轨道里面，后者公认为比前者大一倍多，而在这个广阔区域内水星轨道可以拥有充足的空间。

如果有人由此出发把土星、木星和火星也同这个中心联系起来，认为这些行星的轨道大到可以把行星及地球都包藏在内并绕之旋转，那么他的看法并非错谬，因为行星运动规律的图像就可以对此加以证明。因为可以肯定的是，这些外行星在黄昏升起时离地球最近，也就是它们与太阳相冲，地球位于行星与太阳之间。行星在黄昏下落时离地球最远，这时它们跟太阳相合，太阳位于行星与地球之间。这些迹象表明，它们的中心不是属于地球而是属于太阳，与金星和水星绕之旋转的中心相同。[78]

通过引用的文字，我们可以对哥白尼学说的形成过程做出某种回顾。从约阿希姆·雷蒂库斯关于他的老师哥白尼工作方法的详细叙述中可以看出，这个过程漫长而又艰辛，它的特征在于，它尽可能让自己不脱离传统天文学的基础。这并不排除哥白尼很早就把阿利斯塔克的日心说基本思想作为一种假设的可能性，将其纳入自己的考虑范围，但没有让它明确地进入科学的论证过程。因此，证明过程可能在刚开始的时候就"结束"了，但这并没有消除从托勒密地心说到天文学上更具有可信度的日心说这之间各个步骤的缓慢和谨慎。

让地球摆脱特殊地位

在此前提下的论证过程如下：对于水星、金星与太阳之间的密切关系，传统体系没有提供一种天文学上的轨道分配办法。另外，为了能够将金星排序为围绕地球旋转的第三颗行星，托勒密必须构建出"超大"的金星本轮，其直径超过了地球中心与金星轨道上离地球最近点之间的距离6倍之多![79]在托勒密天文学中,允许对圆形基本元素进行任何分配,假想模型摆脱了(物理范畴的意义上的)"解释"原则,因此,球体的相互穿插没有任何障碍。这与哥白尼关于物质宇宙的物理和结构统一性的前提相矛盾。哥白尼也需要使用本轮,但这需要遵守限制性规定,即它们的最外层轨道点不能超出各自所在的天球。这对建立模型的任意性起到了决定性的限制作用,并将物理可能性的概念引入了天文学。

在赫拉克利德斯对天体的排序中,水星和金星以太阳为中心,从而避免了金星本轮出现这种异常现象,也可以对"内行星"的某些轨道特点进行归类(因此,哥白尼给出了"相当值得注意"这样的善意评价)。哥白尼的下一步论证是假设将被排除的子系统扩展到包括火星、木星和土星,从而描述了一个由第谷·布拉赫提出的解决方案:太阳和月亮在传统的地心轨道上运行,而其他行星则在以太阳为中心的圆轨道上运行。哥白尼指出"外行星"(上级行星)运动的"固定顺序",由此来证明这一扩展的合理性,这里所指的规则是，轨道上离地球最近的点是离太阳最远的点，而离地球最远的点是离太阳最近的点。在托勒密体系中，均轮和本轮的旋转速度是这样设定

工作中的第谷（右）和开普勒（左）

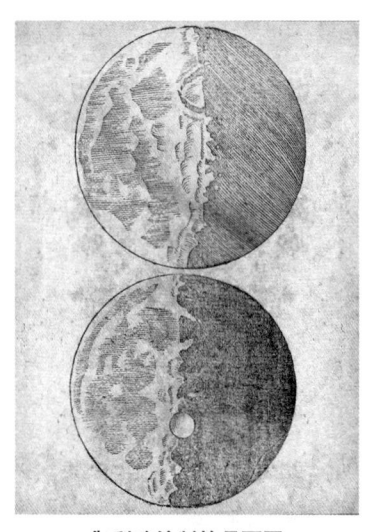

伽利略绘制的月面图

的：当一颗行星最接近地球时，就会与太阳形成相冲。即使虚构圆轮的旋转速度稍有变化，也会打破这个规则，逆行的"外行星"（上级行星）将不再与天空中的太阳相冲。在哥白尼体系中，外行星只有在地球超过它的时候才会逆行，这是它离地球最近的时候，同时它与黄道上的太阳相冲。

让地球摆脱特殊的地位，使其成为一颗行星，这难道不是很明显的下一步吗？对这个问题显然可以给出否定的回答，特别是当我们考虑到第谷体系可能性的时候。首先，还有一个经常被忽视的障碍——月球的轨道。自从伽利略发现木星的卫星后，人们才知道，其他行星也有卫星，而哥白尼对此不可能知晓。因此，月球是围绕地球旋转的球形天体，这不得不作为新学说的一个相当保守的因素。令人难以理解的是,如果地球已经与其他行星平起平坐,那为什么要在这里破例。月球(看上去显得)特殊的地位与哥白尼的改革方法产生了矛盾。

给地球分配一个围绕太阳的轨道,其前提是在很大程度上从心理上克服感性,特别是视觉表象。这是一种特殊的认知步骤,哥白尼本可以通过库萨的尼古拉斯(Nikolaus von Cues)已经对地球进行的反亚里士多德式"重估"来"轻松实现"对其论点的证明:**所有**宇宙天体的基本结构都具有相似性。在1440年的《论有学识的无知》(*De docta ignorantia*)一文中写道:"如果一个人身处地球的火焰区域之外,那么这片区域中的地球看起来就会像个明亮的星体……"[80]乔尔丹诺·布鲁诺最早宣称库萨的尼古拉斯对哥白尼产生了影响,尽管这很有可能,但却难以详细证明。

哥白尼论证过程的第三步,即把地球提升到天体的地位,从而成为宇宙秩序的一个组成部分,这意味着有可能将包括月球球体在内的地球体,纳入总体行星秩序。这实际上是革命性的，因为它意味着必须将地球物理学，甚至是把感官世界都放到浩瀚宇宙之中。有必要弄清楚，为什么我们无法感知到承载着我们的地球在"高速"运动，为什么地球物理学研究的似乎是一个静止的地球。相对于地球家园静止的基本感官体验，计算天文学对地球自转和轨道运动的论断就必然显得抽象，甚至是荒谬。哥白尼知道这一点，因此他有所顾虑，这在前面已经提到过了。

以太阳为中心

在关于日心说（由水星、金星和太阳组成的）子系统扩展到包括火星、木星和土星的轨道之后，哥白尼写道：

但是因为所有这些天球有同一个中心，在金星轨道的远端与火星轨道的近端之间的空间也是一个圆周或球形，它的两个表面也与这些球是同心的。这个插入的球容纳了地球及其卫星月球和月球之下的星球。我们无论如何不能把月亮和地球分开，因为月亮毫无疑问是离地球最近的，何况我们还在这个空间里为月球找到了充足的空位。因此我们可以断言，月亮轨道所围绕的空间与地球中心一起在其他行星之间以一个很大的圆周绕太阳运转，每年一周；太阳附近就是宇宙的中心；鉴于太阳静止，太阳的任何视运动实际上都是基于地球的运动，都可以用地球的运动来进行更好的解释。我们可以进一步断言，尽管日地距离相比行星轨道的尺寸不算太小，但是宇宙太大，以至于日地距离同到恒星天球的距离相比，仍是微不足道的。我认为，相信这一点比设想出无穷无尽的各种天球，把人的认识搞得一片混乱要好得多，而把地球放在宇宙中心就必然要作出这样的假设。我们应当仿效自然，自然从不造出任何多余无用的东西，因此它往往赋予一个事物以多种功能。

尽管这些观点难以理解、出乎意料、与众不同，但是，在仁慈的上帝的指引下，我们最终会明白其中玄妙，至少是数学家们会弄清楚它们。如果在此章开篇处所设定的标准保持有效的话，即承认周期长短同轨道大小相符的标准——没有人能够提出更合适的标准了——那么从最高处的一个天球开始可以对天球的次序做如下排列：恒星天球名列第一，也是最高的天球，除自身外它还包罗一切，因此是静止不动的。它无疑是宇宙的场所，一切其他天体的运动和位置都以它为基准……在恒星天球下面紧邻的是土星，土星每30年完成一次公转。在土星之后是木星，每12年公转一周。然后是火星，每两年公转一次。第四位是以周年为单位旋转的天球，地球和作为本轮的月球天球一起包含在其中。公转周期为9个月的金星排在第五个位置。最后，第六个位置为水星所占据，它的公转周期为80天。

太阳高踞在所有这些天体的中间。在这个美妙的殿堂里，它能同时照耀一切。难道还能把这盏明灯放到另一个更好的位置上吗？称太阳为宇宙之灯、宇宙之心灵、宇宙之主宰，都是非常合适的。特里斯墨吉斯忒斯（Trismegistos）称太阳为"可见的神"，索福克莱斯（Sophokles）笔下的厄勒克特拉（Elektra）则称之为洞察万物者。于是，太阳确乎是坐在王位上管辖着绕它运转的行星家族。地球绝不是月亮的随从。正如亚里士多德在他所著的《论动物》(De animalibus)中所说的,月亮同地球有最亲密的血缘关系,同时,地球受孕于太阳,每年分娩一次。

因此,我们发现在这种排列的背后是宇宙令人惊叹的对称性,以及天球运动和大小之间明显的和谐关联,而这都是采用其他办法发现不了的。因为细心的观察者能够发现并提出疑问:为什么木星的顺行和逆行看起来比土星的长,比火星的短,但金星的却比水星的长?为什么土星的这种逆行比木星逆行显得更加频繁,而火星、金星的逆行却不如水星频繁?此外,为什么土星、木星和火星在傍晚升起的时候比它们隐没在日光中或从日光中重现时离地球更近?尤其是火星,当它整个晚上都高悬夜空之时,其大小似乎可以与木星相匹敌,只能从它泛红的颜色上将其分辨出来;在靠近太阳的情况下,它的大小简直连一颗二等星都不如,只有仔细跟踪它的运行才能辨认。所有这些现象都是由同一个原因造成的,那就是地球的运动。

可是却看不到恒星运动现象,这证明它们非常遥远,以致外层天球的周年视运动及其视差现象都无法用眼睛看到。欧几里得的《光学》证明，可见物体都有一定的距离范围，一旦超出这个范围就看不见了。恒星的闪烁也表明，在最远的行星——土星与恒星天球之间还有无比遥远的空间距离，恒星与行星的区别主要是依据这一特征。再者，运动的物体与不动的物体之间必定有极大的差异。神圣造物主的这件庄严作品是多么伟大！[81]

"太阳高踞在所有这些天体的中间。"（In medio vero omnium residet Sol.）这句话是《天体运行论》中最著名和最常被引用的段落之一的开头，正如马尔西利奥·费奇诺（Marsilio Ficino）在其著作《论太阳》（De sole）中所说，这通常被解释为哥白尼对新柏拉图式的光线形而上学的依赖。有时，甚至连日心说基本思想的诞生都被误导为源于新柏拉图式的太阳崇拜，似乎这就是促使哥白尼摆脱传统天文学的决定性动力。这样的解释很容易让人误入歧途，特别是如果它忽略了这样一个事实的话：在托勒密宇宙体系中也存在一种"日心说"——太阳位处地球和外部天球之间半径上的中心位置。这与新柏拉图思想完全可以协调一致，从这个角度来看，根本不需要做出修改。这样说并不意味着忽视哥白尼从新柏拉图主义的思想库中得到的那些启发和动力，只是这些对哥白尼革命的诞生而言不具有解释的价值。

在日心说的主要观点之后的反问，采用了柏拉图在《蒂迈欧篇》中的论点，但赋予了它不同的主旨方向：柏拉图为他把太阳归入地心体系的第二天体而辩护说，这样可以保证照亮整个天空；另外，哥白尼声称太阳的光照效果之所以能达到最佳，恰恰是因为他将太阳放在宇宙的中心或其附近。从这里可以看出，论据具有可迁移性。

书中出现了一幅日心说示意图，形象地描述了天体的排列次序，该图插入到文本之中，非常引人注意。这幅图由八个圆圈组成，显示出一种简单性，这种简单性与关于行星相对于太阳的运行轨道的概述格格不入，显示出对日心说的基本思想所做的极大改动。哥白尼太阳系只能从基本或定性方面上说是真正的日心说系统，这一点在后面将会得到证明。只有开普勒的宇宙体系是不受限制地以太阳为中心,由太阳所决定的,只有开普勒在一定程度上验证了哥白尼的话,他使太阳成为行星系统中运行力量的中心,太阳由此得以"坐在其宝座上,指挥围绕它运行的天体家族"。哥白尼对此却丝毫没有提及。首先,他强调了太阳的中心并不等同于宇宙的中心,行星轨道的中心也只是"在太阳的附近"。在《短论》中已经说过:"不存在一个所有天体轨道或天体的共同的中心。"[82]尽管如此,在其体系的早期版本中,哥白尼仍然可以指出其简单性,并强调这是相对于传统天文学的一个特殊优势。在《天体运行论》中,他被迫也采用了大量类似的虚构圆轮来进行行星运动的数学推导,就像我们在《至大论》中所看到的那样。

在预测天象的精确性方面,哥白尼也并没有做得比托勒密更好。哥白尼体系的优势在于:在定性意义上,它比托勒密体系要简单,并且提供了恒星现象的物理基础。

第 6 章

哥白尼革命

行星运行轨道的推导

在对行星运行轨道进行推导的《天体运行论》第五卷中,哥白尼首先指出,地球运动的假设使传统天文学的大本轮失效了;(对于地球上的观察者而言,)包括逆行阶段在内的行星运动的非均匀性可以理解为地球轨道和行星轨道的相互作用。下图展示了哥白尼的论证过程。

第一幅图显示的是以恒星天球作为固定参照系,从运动着的地球上看到的一个运动着的外行星相继出现的视位置;后一幅显示的是内行星相应的视位置。

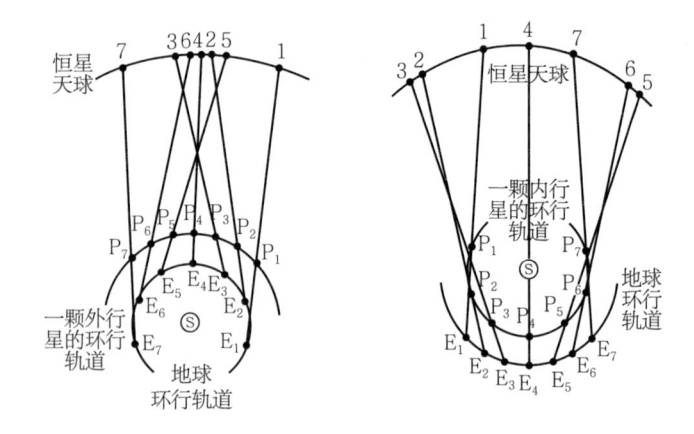

在两幅图中，地球在以太阳为中心的圆形轨道上的相继位置点用 E_1，E_2，…，E_7 表示；行星相应的轨道点位置用 P_1，P_2，…，P_7 表示；延长地球到行星的连线直至与恒星天球相交，得到行星相应的视位置，用 1，2，…，7 表示。在地球上的观察者看来，行星在恒星中间的视运动从 E_1 到 E_2，再到 E_3 是正常向东的；然后变成逆行（向西运行）从 E_4 到 E_5；最后再次转向，从 E_5 向 E_7 正常向东运动。从地球上看，行星大部分时间都是向东运行；只有当地球赶超外行星或者是内行星赶超地球时，才会发生逆行。外行星在向西运动的时候最亮，即在最接近地球时。行星系统中的相对距离也可以借助于简单的几何计算来确定。行星轨道向西运行时划过的弧度越大，轨道就越接近地球。因此，如果知道地球轨道的半径，就可以确定行星的轨道半径。对于地球轨道半径，哥白尼采用了古代天文学家计算出的相当不准确的数值，因此有关行星轨道半径的信息（以地球轨道半径为单位），只能表示轨道的相对尺寸。

哥白尼体系的定性优势是毋庸置疑的，但并非所有可观察到的行星运动的不规则性都能从地球和行星的相对运动中推导出来。由于哥白尼假设，每一个不规则现象无一例外都只是表面现象，都必须追溯到基础的匀速圆周运动，所以他被迫通过引入托勒密的假想模型来实现所需的预测精度。在哥白尼体系中，太阳不在行星轨道的中心点上，相反，所有行星轨道都被构造成偏心圆。就土星的轨道而言，偏心圆的中心甚至位于地球轨道的圆周以外，如下面这张来自《天体运行论》的图示所证明，其中 E 表示地球轨道 SRT 的中心，D 表示偏心圆的中心，而偏心圆又带有一个小本轮，行星本身位于其上（这里用 N、O 和 P 表示）。

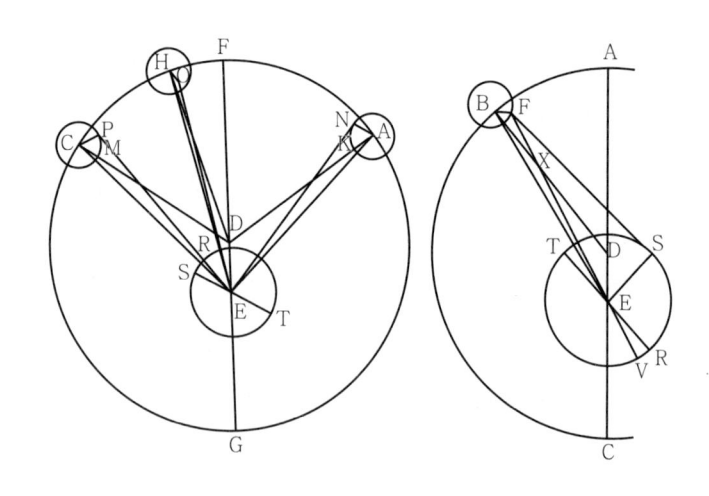

就木星的轨道而言，中心 D 明显位于地球的轨道内，事实上，从哥白尼的计算中可以看出，它位于水星轨道附近。

在火星轨道上也是如此。哥白尼在此还使用了一个小本轮，这颗行星被固定在这个小本轮上。这个小的"本轮"与偏心圆的旋转方向相同（即向东），且旋转周期相同。这只是基本模型，此外还添加了更多的结构，使整个体系与托勒密体系一样复杂。在土星、木星和火星的偏心圆轨道（均轮）上，各自的中心与地球轨道的中心有着固定的几何关系。这一惊人的假设清楚地表明，哥白尼不愿放弃地球所在的特殊位置——这是地心说的残留。补充一点，地球轨道的中心并不是静止不动的，而是在太阳附近的偏心圆上往复移动，不断改变地球轨道偏心率的大小和方向。太阳的周年视运动是对地球公转的反映；此外，必须解释太阳在冬季比夏季更快地通过黄道十二宫的事实。在《天体运行论》的第三卷中，我们发现了以下地球运动图，较小的图对应于双偏心圆体系，而较大的图则描述了一个等效的假想模型——双本轮体系。

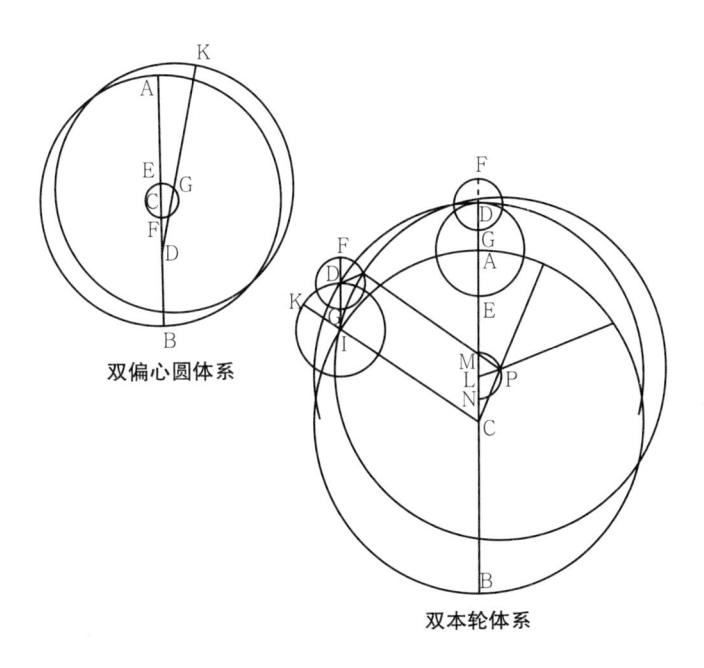

双偏心圆体系

双本轮体系

在较小的图中，AB 表示以 C 为中心的围绕太阳（D 处）的偏心圆。"EF 表示围绕中心 C 的第二个很小的圆周，它并不包含太阳。"[83] "令地心周年运转的中心"在这个小圆周上"很缓慢地向前移动"[84]。地球在 K 点离太阳的距离最远。这里所表达的等效思想很值得关注：按照哥白尼的观点，托勒密天文学中经常使用的两种假想模式都同样适用于推导地球的周年运动和太阳的周年视运动。

哥白尼对较大的图作了详细的解释，主要是为了证明双偏心圆体系和双本轮体系的等效性。在以 C（太阳）为中心的大圆 AB 上，有一个以 A 为中心的本轮 DE；在这个本轮上是第二个较小的本轮 FG，地球就在它上面动转，这一本轮围绕着中心 D 旋转；这两个"本轮"的旋转周期约为一年，这相当于大圆（即均轮）旋转一圈所需的时间。如果第一个本轮的中心现在向东移动到 I 点，即转过角 ACI，则小本轮的中心 D 点会同时向西旋转角 KID，角 KID 等于角 ACI。D 点将以 L 为中心，以 CL=DI（DI 为第一个本轮的半径）为偏心距描出一个与同心圆 AB 相等的偏心圆……这里无需作进一步的证明；至少原理基本已经被搞清楚了，它是基于假想起点的转移：两个本轮分别对应于中心为 L 和 P 的两个偏心圆。

显而易见，此处所采用的构造混乱模糊，有一部分人为的随意性，这在一定程度上表明了哥白尼对托勒密天文学所做的完善工作。这也适用于在使用柏拉图式构造元素（即匀速圆周运动）方面表现出的主观性和严格性。在几何天文学的发展中，大量的构造嵌套与托勒密的结论高度对应，然而，这种结论却由于欠缺物理学上的合理性和可靠性，以及与哥白尼理论的实际内容相背离而难以证明。哥白尼的方法同时也提升了天文学的证明水平，因为亚里士多德关于地球和天堂区域的基本区分变得无效了。在地球轨道的情况下，哥白尼《天体运行论》中提出的描述模式等价性在认识论上具有重要意义，因为哥白尼创新的现实主张应该延伸到哪里：仅限于地球轨道及其形式本身，还是也包括其基本构造要素，即那些托勒密本人否定了任何内在真实性的圆圈？如果是后者，那么等价主张就会得出影响深远的结论。哥白尼从传统天文学中接受了双偏心圆体系和双本轮体系的等价性,尽管在那里它们具有完全不同的重要性——在保持柏拉图基本图形的情况下,它们在构造的任意性上具有平等地位。

现在,对《天体运行论》的解释不被视为假说(及虚构),而是被视为现实的反映,作为真实宇宙过程和规律的再现。这与等效思想相矛盾。如果天体运动可以用不同的方法来解释,也就是说,如果这些方法之间存在一定的互换可能,那么各自的解释形式就可以获得"模型"的特性,当然这完全是在实证意义上的。因此,哥白尼学说对现实的主张显然不仅限于宇宙日心说(包括运动的地球),而且还包括宇宙的数学构造形式和数学构造元素。哥白尼不是一个实证主义者。

对于如何使用通用的托勒密假想模型对月球、水星和金星的轨道进行推导,应该加以补充说明。虽然地球卫星的轨道是借助于双本轮体系来表示的,但哥白尼对金星轨道使用的是基于两个偏心圆的体系,如下图所示。

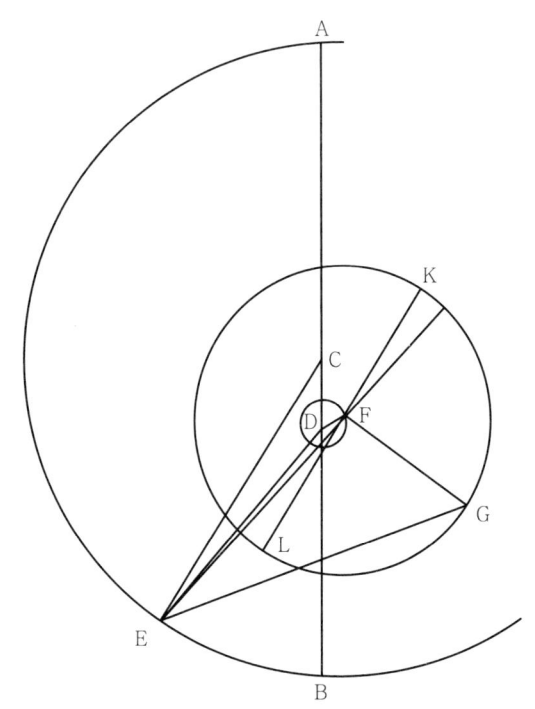

哥白尼解释金星轨道的两个偏心圆体系

地球轨道为大圆 AB，其中心在 C，较小的偏心圆代表金星的轨道。金星轨道的中心位于一个非常小的偏心圆上，它不断改变金星轨道偏心率的大小和方向（类似于地球轨道）。重要的是，在地球轨道的中心 C 和圆心 D（金星轨道的中心位于该圆上）之间存在着固定的几何关系。在几何表示中，假定点 C 是静止的，因此成了一个相对于点C静止的参考系。然而，在哥白尼体系中，点C本身是运动的，它在太阳附近一个小偏心圆的外围运动，这就增加了整个体系的复杂性。由于其他行星轨道结构也是如此，所以地球轨道中心在整个太阳系中具有指向性的功能！这必须被看作是哥白尼学说中的地心说残留，特别是因为哥白尼不仅关注行星的视运动，即它们与地球轨道的关系，而且还关注整个太阳系的形状；观察者从上方俯视黄道或行星轨道面，他站在太阳系的"外部"。这正是大众朝着克服地表相对性迈出的第一步。

在第六卷序言中，一个引人注目的表述强调了哥白尼行星系统中地球轨道的部分排序功能。这意味着，地球的运动（terrae mobilitas）在太阳系中行使统治权，规定了行星的运行规律！[85]这确实是一个令人震惊的说法，这在哥白尼研究中几乎没有被注意到。这不可能是指，或者至少不完全是指地球上的观察者所看到的行星运动，这是不难理解的，然而也不可误认为此处在一定范围内有构造上的必要性，即地心说必然产生决定性影响。

就水星轨道而言,哥白尼觉得有必要提出一个特别复杂的解决方案。早在《短论》中,他就已经写道:"水星的轨道是所有行星轨道中最怪异的,它的路径很难研究清楚,几乎是不可捉摸的。"[86]看看哥白尼所绘的这颗最接近太阳的行星(指水星)的轨道图,就可以清楚地看到这一点。

同样,以 C 为中心的大圆 AB 代表地球的轨道;而偏心圆 HI 表示水星的轨道,它的中心在一个小圆 EF 上移动(就像地球和金星的轨道一样);此外,还有行星所在的小本轮 LK,可以进一步细化轨道的确定。值得注意的是这里的 C 点的指向功能,它被围绕着做圆周运动,即使这从图中不能看出。与金星一样,ACB 轴有一个类似于坐标的功能,水星的轨道被牢固地整合到一个由地球轨道特性决定的参考系中。这在较小程度上也适用于外行星的轨道。行星轨道中心和移动的地球轨道中心之间的固定几何关系是哥白尼太阳系的组成部分之一,因此它在多个方面与单纯的日心说相抵触。在水星的轨道图中,太阳根本没有出现,重要的唯有地球轨道的几何形状。金星和水星轨道的偏心率不是用太阳来确定的,而是明确地用地球的轨道中心 C 来确定的。

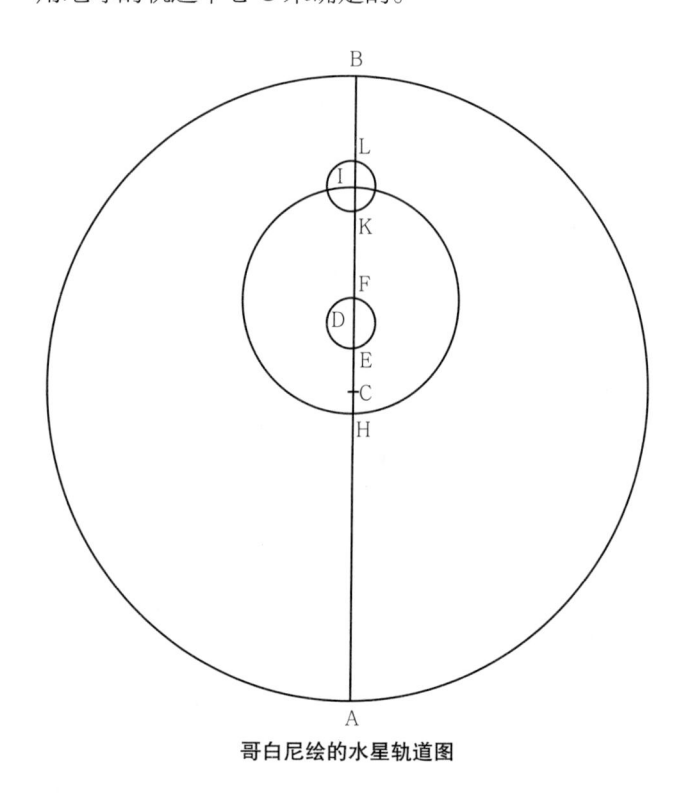

哥白尼绘的水星轨道图

"无限"宇宙

水星轨道的"怪异"并不只是困扰哥白尼。自古以来,就太阳系理论观察的统一性和连贯性而言,最内层行星的运行轨迹已被证明是一个极不稳定的变量。托勒密早已认为水星的轨道问题在天文学上是无法解决的，而在几个世纪前，两颗内行星与太阳的紧密联系导致了赫拉克利德斯形成不完整的日心体系。哥白尼只能通过草图式的特殊构造来大致推导出水星的位置数据，他自己肯定也发现这并不令人满意，特别是因为它与地心说的联系在这里特别明显。

牛顿天体力学的不足之处也恰恰在水星身上暴露出来，这必然被视为科学史上的一个奇观。大约在19世纪中叶，当勒威耶（Leverrier）发现海王星，而这似乎令人印象深刻地证实了天体力学的精确性和可预测性，机械论方法的第一批弱点也在此时逐次显现出来。科学界以自己的形式庆祝发现新行星。天王星的轨道扰动表明存在着一颗迄今未知的行星，它的引力作用和轨道周期可以被推断出来。事实上，随后在勒威耶预测的位置附近发现了海王星，尽管海王星的存在并不足以解释天王星轨道的不规则性。勒威耶还发现，水星不可能完美地"服从"于牛顿定律，最精确的轨道计算证实了这一点——它的近日点，即其运动轨道上离太阳最近的一个点，每年向前移动一定量。尽管考虑到了其他行星的引力干扰效应，但仍有一个无法解释的水星近日点剩余进动问题（顺便说一下，金星也是如此）——尽管近日点的剩余进动量很小，但这与牛顿定律相矛盾。

众所周知，水星近日点的反常进动现象是推动爱因斯坦广义相对论发展的重要动力之一。爱因斯坦写道："假如存在可以发现牛顿定律偏差的一线希望，则最大的机会是在水星的运动中去发现。"[87]爱因斯坦试图通过引入与假设的四维时空有关的新假说来解释水星轨道形状偏离椭圆形的问题。新的引力方程改变了水星轨道的几何形状——爱因斯坦虚构出了一个玫瑰花形的轨道，且椭圆轨道相对于紧密联系太阳的坐标系转动。如果我们考虑到众所周知的关于广义相对论的争议，在科学家们努力解开行星运动之谜时，水星仍然是那个不可调和的"干扰因素"。它表明，在将机械论的万有引力设想应用于天体运动时，有必要对其进行修正。

我们首先来阐述哥白尼下一步论证的过程：反对

地球绕太阳运动的主要科学论证之一就是不存在恒星视差的问题。视差（字面意思是偏差，混淆）是指从不同位置画出的两条直线所形成的角度。由于视觉角度也决定了被感知物体的视位置，因此，地球的周年运动应该会反映在每颗恒星的视运动轨迹上。[众所周知，天文学家奥古斯特·贝塞尔（August Bessel）于1838年首次测得了恒星视差。]只不过我们用眼睛无法直接观察到这些现象，除了逐日往西漂移外，星空看上去没有变化，这与地球处于宇宙中心静止不动的假设完全一致。很明显，在地球的周年运动下，恒星的视位移及恒星轨道取决于与天球的距离——距离越近，恒星视差就越大（反之亦然）。

如果以哥白尼时期天文学家所认可的宇宙大小为基础，至少不在方向上加以否定的话，那么地球轨道的视差图像在星空中应该是很容易辨认的。根据阿拉伯天文学家阿尔法加尼（Al Fargani）的估计，宇宙半径即从地球和宇宙中心到恒星天球的距离为20110个地球半径，而地球半径设定为3250罗里（1罗里约为1.5千米，则地球半径为4875千米，因此大大低于实际值)。由此得出宇宙半径为6500万英里（9750万千米），地球与太阳之间的距离为1220个地球半径（590万千米）。从中可以清楚地看出，只有假设有一个更大的宇宙，才能理解恒星视差的缺失。再次引用哥白尼的重要语句：

> 可是我们看不到恒星的运动，这证实了它们非常遥远，以致周年的天球运动及其反映都在我们的眼前消失了。此外，我们可以进一步断言，宇宙大极了，以致日地距离……同到恒星天球的距离相比微不足道。

在地心天文学的框架内，与宇宙半径相比，地球和太阳之间的距离如此之小，不值一提。在这里，哥白尼迈出了消除宇宙边界的第一步，或者说这是对封闭球状宇宙的精神超越。哥白尼的表述有时甚至导致了这样的假设——他本人已经认识到了宇宙的无限性，也就是说，他是乔尔丹诺·布鲁诺的先行者。哥白尼、库萨的尼古拉斯和托马斯·迪格斯都无法证实这一点，因为所有涉及这一点的陈述都是模棱两可和相互矛盾的。

第一位始终如一的"无限哲学家"是乔尔丹诺·布鲁诺，哥白尼肯定会像17世纪初的哥白尼主义者开普勒那样严厉地拒绝他的学说。《天体运行论》第一卷的第八章中说："宇宙到底有限还是无限，让我们把这个问题留给自然哲学家们去讨论吧。"[88]尽管物理学家和天文学家中的"亚里士多德派"占了上风，但"自然哲学家的争论"至今还没有画上句号。从哥白尼的陈述中至少可以看出，无限宇宙的想法从一开始就没有被认为是不可能的，它在伊壁鸠鲁（Epikur）或卢克莱修（Lucretius）等人那里就可以看出这一思想。然而，假设宇宙最后一颗水晶天球存在的唯一原因是恒星的共同环形周日运动，那么结论是显而易见的，否定这种运动就意味着否定了恒星天球的存在。

此外，在讨论针对地球周年运动的另一种可能的反对意见时，哥白尼感到有必要解决宇宙的大小或恒星天球的距离问题（在《天比地大，无可比拟》

一章中）。地球在宇宙中处于中心位置的"证明"在一开始是难以撼动的，它是通过观察地平圈把天球正好分为相等的两半而得出的，就像观察者站在地球的中心，从而站在宇宙的中心。例如，春分点和秋分点是天球上两个相对的点（黄道与赤道的两个交点）。如果其中任一点从东方的地平线上升起，则另一个点在西方落下。恒星星球任意一条直径的两个端点都是这样的。如果地球球体的大小与整个宇宙或恒星球体的范围相比是"可测量的"，或者如果它不仅仅是一个点状结构，那么就不可能用地平圈将天球一分为二。最后，所有地平线都与地球表面相切，但显示为穿过地球中心的横截面。因此，地球表面一定非常接近宇宙中心，地球本身必须极其微小，就像是一个点。否则，地球的半径就必须表现为与恒星天球的精确二分法有可测量的偏差——球体任意一条直径的两个端点不可能同时上升与下落。除非地球轨道的直径与宇宙球体相比像个点一样微小，否则地球的周年运动必然大幅扩大两个"二分点"之间的差距。

哥白尼写道：

和天穹比较起来，地球这个庞然大物真是显得微不足道。这一点可以用下列事实阐明。希腊人所说的地平圈把天球正好分为相等的两半。如果地球的大小或它到宇宙中心的距离与天穹相比值得一提的话，这种情况就不会出现……从地球表面引向天空中一点的直线与从地心引向同一点的直线，自然不重合。可是因为这些线与地球相比无限长，它们可被当作平行线。由于它们的端点相距极近，因此两线看起来重合为一条线……这种论证完全清楚地表明，天穹与地球相比大得无与伦比（immensum esse caelum comparatione terrae），可以说是无限大。以人类的感官来估算，地球与天穹相比，不过是微小的一点，如有限之比于无限（ut punctum ad corpus et finitum ad infinitum magnitudine）。但是我们还没有得到别的证据来证明地球必须静居于宇宙中心。[89]

值得注意的是，哥白尼在这里做了一个比较，而这个比较早已被阿利斯塔克用来说明宇宙的无限性——一个点与一个物体的比较（由于逻辑和几何方面的原因，阿基米德宣称不能进行这样的比较）。哥白尼论证的核心是将地球和其公转轨道放在与恒星天球同心的一个小球内部。"在这个球内，地球可以自由移动而不会扰乱各种天体现象。尤其是，地球可以围绕中心或日心做轨道运动，只要轨道不把它带得离中心太远就行。"[90]如果地球轨道的直径是已知的，就可以通过观测地平面平分恒星天球的不均等现象来推导宇宙的最小尺度。"例如，若按阿利斯塔克的测量所给出的日地距离为764倍地球直径（1528倍地球半径），且已知观测精度在0.1度以内，则恒星天球半径至少为地球轨道半径的1000倍，即地球半径的1528000倍。"[91]

还有另外一种考虑：在哥白尼的宇宙里，在土星球体和恒星球体之间存在一个虚无的深渊（至少根据前哥白尼宇宙的尺寸来衡量的话是如此），恒星天球必须具有相当大的"厚度"，尽管哥白尼本人似乎并没有意识到这一点。人类肉眼能够看到角直径可测定的恒星，这是由于大气的"模糊"和扭曲效应，因为在高倍望远镜中，所有恒星都变成了无结构的点。如果以哥白尼的"无限"宇宙为出发点，从恒星的视直径去推断它们的实际大小，就会得出这样的结论：即使是最小的恒星也应该超过地球绕太阳的周年轨道直径（这是第谷·布拉赫用来**反对**哥白尼的论据）。因此，一个额外的因素被赋予了十分重要的宇宙学意义，这迟早会导致最后一个水晶天球在精神上解体，从而带来"开放的宇宙"，即使这一步骤不如回顾起来那么明显。直到一个像乔尔丹诺·布鲁诺这样重要的哲学家的出现，这才最终完成了这一使命。

虚构地点的视角

天文学家哥白尼主要是从太阳系外的一个虚构地点进行论证，更确切地说——在行星轨道平面的上方，黄道"在他脚下"。在这里，太阳和地球可以进行位置交换，产生重大的影响，地球可以被分配到围绕太阳的周年轨道，而不必充分考虑到所涉及的物理或自然哲学问题。地球运动的物理问题仍然处于哥白尼思想的外围范畴。在此前提下,哥白尼在《天体运行论》的导言章节中一开始就讨论天地形状的自然哲学-宇宙学问题,似乎显得很奇怪,好像他自己的论证进展可以从这里得到合理的解释似的。这只能用托勒密《至大论》中的"样本功能"来解释。也许是为了以尽可能传统的形式展示自己的创新,哥白尼在《天体运行论》的第一卷中严格遵循了《至大论》的结构,从而使原来的论证过程显得不那么重要了。

然而,这里不仅仅是与托勒密方法保持一致的问题,更多的是,从中可以看出哥白尼自然哲学的基本原则。第一章内容如下:

首先,我们应当指出,宇宙是球形的。这既是因为在一切形状中球形是最完美的,它不需要接口,并且是一个既不能增又不能减的全整体;又是因为它是一切形状中容积最大的,最宜于包容万物;甚至还因为宇宙的个别部分(我指的是太阳、月球、行星和恒星)看起来都呈这种图形;乃至万物都趋向于由这种边界所包围,就像单独的水滴和其他液体那样。因此,球形无疑确是为天体而设的形状。[92]

最初提到球形是"最完美的形状"(forma perfectissima)或"完美的整体"(tota integritas)的地方显然是源于柏拉图,并且符合自然哲学传统。哥白尼在这里基本上没有什么要"证明"的,相反,他可以引用大家公认的东西。这也适用于从宇宙形状到天体形状的类比推理(天体——哥白尼原话说的是"神赐天体")。当他在第二章的开头强调"大地也是球形"时[93],这也符合学者们的"普遍"观念,这种过渡方式已经指出了地球与宇宙中"神赐天体"的等同。这样,在亚里士多德-经院哲学派对宇宙的理解中,远离神且混乱无序的尘世景象就被整合到宇宙法则的和谐结构中,为地球实现了一次精神上的"宇宙复苏",这一点已经在其他地方提到过。**这**实际上是对基督教教义的冒犯。

哥白尼为支持地球是球体而提出的论据,超出了对柏拉图公理体系的引用,在这里可以省略。那些论据在当时已经是众所周知,并且被大多数受过教育的人所接受。哥白尼需要柏拉图式完美的地球球体,以使其在宇宙中的地位升华,并使人能够感受到其旋转和轨道的运动。一旦恒星星空停止运动,其如《蒂迈欧篇》中所描述的产生时间的功能就会消失,那么地球也必须被赋予这种功能。对于文艺复兴时期来说,时间观念与宇宙运动的精确性密不可分。柏拉图说:"因此,时间和天在同一瞬间生成。"[94]

在第四章中,哥白尼写道:

> 由此我们想要证明,天体的运动是圆周运动。这是因为,适合于一个球体的运动乃是在圆圈上运转,正是这样的动作显示出它具有最简单物体的形状……可是由于圆周很多,运动也是各式各样的,在一切运动中最显著的是周日旋转(cotidiana revolutio),希腊人称之为"Nychthemeron",就是昼夜交替。他们设想,除地球外,整个宇宙都是这样自东向西旋转。这可认作一切运动的公共量度,因为时间本身主要就是用日数来计算的。

其次，我们还见到别的在相反方向上，即自西向东的运转。我指的是太阳、月亮和五大行星的运行……可是，这些运动有许多不同之处。首先，它们不是绕着与第一种运动相同的两极旋转，而是倾斜地沿黄道方向运转。其次，这些天体在轨道上的运动看起来是不均匀的，因为日和月的运行时快时慢，而五大行星在运动中有时还有逆行和停驻……此外，它们有时离地球近（这时它们位于近地点），有时离地球远（位于远地点）。虽然如此，我们还是应当承认，行星是做圆周运动或由几个圆周组成的复合运动。这是因为这些不均匀性遵循一定的规律定期反复，若不是圆周运动，这种情况就不会出现，因为只有圆周运动才能使物体回到原先的位置。举例来说，太阳由复合的圆周运动可使昼夜不等再次出现并形成四季循环。这里面应当可以察觉出几种不同的运动，因为一个简单的天体不能在一个圆周中作不均匀运动。引起这种不均匀性的原因，要么是外加的改变或内部产生的不稳定性造成，要么就是运转中物体的变化造成。可是我们的理智与这两种说法都不相容，因为很难想象在最完美状况下形成的天体竟会有任何这样的缺陷。因此，合乎情理的看法只能是，这些星体的运动本来是均匀的，但我们看来是不均匀的了。造成这种状况的原因或许是它们的圆周极点与地球的不一样，也可能是地球并不位于它们所绕之旋转的圆周的中心。我们从地球上观察这些行星的运转，我们的眼睛与它们轨道的每一部分并不保持固定的距离。由于它们的距离在变，这些天体在靠近地球时比起远离时看起来要大一些（这在《光学》一书中已经证实）……因此，我认为首先必须仔细考察地球在天空中的地位，否则在希望研究最崇高的天体的时候，我们对最靠近自己的事物仍然茫然无知，并且由于同样的错误，把本来属于地球的事情归之于天体。[95]

看来，哥白尼在这里的论证是相当保守的。托勒密已经用这种方式区分了恒星现象的表象和真实情况（尽管没有哥白尼的现实需求），并将观测到的行星运动的不均匀性归因于"背后"圆形轨道的均匀性。引入偏心匀速点是某种程度上的不一致，因此哥白尼合理地（也可以说是"改革性"地）收回了这种不一致。他严格遵守基本构造元素的柏拉图式的纯粹性。借用恩斯特·卡西尔（Ernst Cassirer）对爱因斯坦的表述来说，哥白尼用思想来衡量恒星现象，而不是反过来。然而，这并不是普遍适用的，因为他同时强调了地球视角的欺骗性功能，或者说地球光学的相对性。通过这种方式，他得以为天文学革命做好准备，甚至至少可以部分地将其作为传统之本原和最终结果来呈现，"自身"的传统论点被推到了**反对**传统的地步。根据哥白尼的观点，天体运动的不均匀性，即任何偏离匀速圆周运动的情况，如果真实发生的话，这对于理性来说都是"不可想象的"或不能接受的。这源于将柏拉图式的几何基本图形与人类思维结构紧密结合的信念。物质世界是可以认识的，因为它遵循了理智中固有的、相同的简单规律——这是哥白尼的认识论基本前提，它成为近代物理学的公理。

自转与公转

在谈到地球视角的欺骗性之后，哥白尼写道："每观测到一个位置的变动，它可能是由被观测的物体或观测者的运动所引起，当然也可能是由于这两者的不一致移动造成。当物体以相等的速率在同一方向上移动时，运动就察觉不出来。"早在 14 世纪，这种关于运动相对性的观点就已经存在，特别是在唯名论者尼克尔·奥里斯姆（Nicole Oresme）的作品中。"现在，从地球上看，天空在我们眼前转动。因此，如果地球有任何一种运动，在我们看来地球外面的一切物体都会有相同的运动，但是方向相反，似乎它们越过地球而动。周日旋转就是一种这样的运动，除了地球和它上面的东西，整个宇宙看起来都在迅速地转动。可是，如果你承认天穹并没有参与这一运动，而是地球自西向东旋转，那么你通过认真思考就会发现，这符合日月星辰出没视动的实际情况。进一步说，既然包容万物并为之提供栖身地的天穹构成一切物体共有的太空，乍看起来令人不解，为什么把运动归之于被包容之物而不是包容者，为什么要归之于被设定者而不归之于设定者呢？"[96]

除了从奥里斯姆那里接受的运动相对性论点并在自然哲学方面加以激进化以外，鉴于原始（设定者）和派生（被设定者）之间的差异，哥白尼还提到了恒星星空每日旋转的"荒谬性"。同时，"设定"被设想为"定位"——星空成为行星运动的静止参考系。开普勒强调了这种参考系的不可或缺性，并且用它来抗衡乔尔丹诺·布鲁诺的无限宇宙思想。

很少有人注意到这一事实，即假设地球自转其实违反了哥白尼行星系统的统一性。例如，为什么火星、金星或太阳不会绕自己的轴旋转呢？在地球公转期间，月球进行独特的自转，它牢牢地"锚定"在支撑它的水晶天球上，这就是哥白尼对此的解释。他确信，行星和太阳不会绕自己的轴旋转，这一特权只被赋予了地球，这种不一致是显而易见的。但在这里，朝着普遍假定的宇宙天体自转迈出的这一步也不算是太明显。直到乔尔丹诺·布鲁诺才断言了所有天体都会绕轴旋转，无一例外。

对地球运动,尤其是对其自转最有分量的反对意见,是支撑我们的大地呈现出无比平静和不可动摇的表象实在过于明显。托勒密早就指出了地球运动的"破坏性"后果,以及由此导致的整个地球物理学的扭曲。

在《天体运行论》的第一卷中,哥白尼回顾了对地球运动的传统反对意见,然后继续说道:

> 根据这些及诸如此类的理由,古人坚持说地球静居于宇宙中心,并认为地球的这种状态是毋庸置疑的。如果有人相信地球在动,他肯定会主张这种运动是自然的,而不是由于遭受外力。遵循自然法则产生的效果与在外力作用情况下得出的结果截然相反,这是因为受外力或暴力作用的物体必然会瓦解,不能长久存在。反之,自然而然产生的事物都安排得很妥当,并保持最佳状态。托勒密担心地球和地上的一切会因地球自转而土崩瓦解,这是毫无根据的。地球自转是大自然的创造,它与人的技能和智慧的产物完全不同。

可是他为什么不替运动比地球快得多，并且比地球大得多的宇宙担心呢？由于无比强大的运动使天穹偏离宇宙中心，天穹是否就变得辽阔无际呢？一旦运动停止，天穹也会崩溃吗？如果这种理解是正确的，天穹的尺度肯定也会增长到无穷大。因为它越是由于自身运动的力量膨胀，就转得越快，原因是所有增加的距离都要跨过24小时的路程。反过来，运动越快，宇宙也就越庞大。这样速度和尺度互相推进直至无穷……他们还认为，宇宙之外没有物体，没有空间，甚至连虚空也没有，是绝对的"无"，因而也没有地方让宇宙膨胀。当然，"有"被"无"束缚也是不可思议的事。假如天穹是无限的，而只是在内侧凹面处是有限的，我们就更有理由相信天穹之外别无一物。任何一件单独的物体，无论它有多大，都包含在天穹之内，而天穹是静止不动的……因此，让我们把宇宙是有限还是无限的问题，留给自然哲学家们去讨论。地球局限在两极之间，以一个球面为界，我们认为这是确凿无疑的。那么为什么我们还迟迟不肯承认地球具有在本性上与它的形状相适应的运动，而宁愿把一种运动赋予整个限度未知，也不可能被人所认识的宇宙呢？为什么我们不承认看起来是天穹的周日旋转，实际上是地球运动的反映呢？……那么，该怎样说明云和空中其他悬浮物，以及下落和上升的物体呢？怎样说明肯定不止地球连同上面的水在运动，大量空气和其他东西也在随地球运动？……我们必须承认，在宇宙中下落或上升的物体可能具有双重运动，即直线运动和圆周运动的结合。由于自身重量而下沉的物体（主要是土质的），无疑会保持它们所属整体的相同性质……因此，一个简单物体的运动必然是简单运动，特别是圆周运动，这个说法是对的，但只有在这一物体完整地保持其天然位置和状态时才是如此。在这种状态下，除了自转运动以外不会发生别的运动，似乎物体保持了静止状态。但如果物体从天然位置上离开或者被移开，就会发生直线运动。要是物体离开原位，就与宇宙的全部秩序和形式相矛盾了。[97]

哥白尼如何解释地球表面上的平静和安稳状态，

又该如何解释地球在运动的情况下,地球物理学不会受到对地心主义者所担忧的"乱流"的影响?简而言之,他将地球的圆周运动解释为其球形的本质表现和亚里士多德所说的"自然运动"。不难看出,这必然伴随着对亚里士多德重力概念的否定:如果重力源于空间的内在方向性,那么它就不可能产生与天体有关的相对性。亚里士多德否认天体的圆周运动与地球物理学范畴有任何联系。支撑天体的球体的运动是基于"不动的推动者"能量的一种"向下转换",在每一种情况下,下一个更高的球体都充当了中转的作用。哥白尼认识到恒星星空的周日运动是由地球自转引起的一种表象,从而摒弃了亚里士多德物理学中的最后一个运动原因。

将地球的圆周运动简单地归因于其球形本质,而不作任何物理解释,这是一种理论上的权宜之计,同时也是对柏拉图思想的回溯,这种思想亦是亚里士多德所承认的。必须假定地球是完美的球体,以便使其运动显得不那么"狂暴"。哥白尼的论证在这里显然并不前后一致:如果圆周运动,首先是围绕其自身轴线的运动，是由球体的性质决定的，那么其他行星也必然绕自己的轴线旋转，那就没有理由说明星球不应该旋转。然而，哥白尼在这里特别指出了传统宇宙观念的"不可想象性"，尽管未直接回应这一可能的质疑：星球的内部曲率并不对应外部曲率，因为后者以空间和物质的存在为前提，而这在亚里士多德的理论中是被否定的。因此，在这里无法像之前那样将球形和圆周运动联系起来。

星球应该围绕着什么旋转？没有"什么"，只有"无"，这是对地球人的思维和想象能力来说，一个非常"现代"的思想，在近几十年的宇宙学中也以不同形式再次出现，正如我之前强调的那样。值得注意的是，哥白尼提出了一个（被认为是虚构的）关于星球在旋转运动中产生"离心力"的想法，这似乎预示了牛顿天体力学中的一个基本要素。如果像托勒密认为的那样，地球因旋转而被毁灭，那么天穹也应该因假定的周日旋转而被毁灭，尤其考虑到天空之大，这种旋转速度将是难以想象的。哥白尼在这里将地球表面上的物理经验，假设性地且带有些许讽刺地应用到星球上，说明了关于这个球体周日旋转的想法的荒谬性，以此来反驳托勒密的观点。

通过将地球提升到"神圣天体"的地位，重新赋予其宇宙尊严，哥白尼现在可以将传统天文学中的天体运动特性转移到地球上。这种转换包含了一种具有重大意义的宇宙学-物理学基本思想，可以用物理学语言表述如下:(天体的)静止和匀速圆周运动是动态等效状态，因此，天体可以被看作是准静止参照系，在其中不会出现任何惯性效应。为了维持这种运动，不需要持续的驱动力，一旦圆周运动开始，它就会在不受力和没有能量损失的情况下继续下去。只有外力才能抵消这种圆周运动的"自然性"，并强制改变方向，这种思维模式符合伽利略的"圆周惯性定律"。虽然在天体表面没有发生惯性效应，但整个天体都遵循(被认为是相当崇高的)惯性，从而在原则上是无限期地使其保持圆周运动。地球表面上的所有物体都参与了这种"惯性运动"，而不会受到它的干扰。这导致了重力的相对化。

哥白尼写道:

地球并不是所有圆周运转的中心,这已被行星目视的不规则运动和行星到地球距离的多变性证实。上述现象不能用以地球为中心的同心圆周运动来解释。因此,既然不止一个中心,我们就可以质疑,宇宙的中心是否与地球的重心或别的某一点相合。对我而言,重力只是一种自然倾向,造物主将它赐予物体的各部分,以使这些部分结合成球形,从而助成它们的统一性和完整性。我们可以假定,这种属性也存在于太阳、月亮和其他行星中,从而它们能借此保持外在的球形,仍然以各种不同的方式在轨道上运转。[98]

将引力解释为"一种特定的自然倾向"(appetentia naturalis),使物体的各部分结合成统一的球体,这一理念源于晚期经院哲学派对柏拉图重力理论的修正。当哥白尼写道,天体"仍然以各种不同的方式在轨道上"运转,即不管天体在其表面上显现出的引力效应,这表明他认为,天体整体的运动特征与其表面上的物理效应存在根本性的区别。直到乔尔丹诺·布鲁诺和伽利略各自以不同的方式进一步思考这一观点。

我们不应该轻率地从牛顿的天体力学"知识"出发去贬低哥白尼对地球位置静止现象的回答，也不应该像大多数人那样认为这个观点不值得讨论。这里提出的假设和靠惯性保持沿直线的无限匀速运动的假设一样，并无孰优孰劣之分。

值得一提的是，哥白尼在解释黄道倾角保持不变时，除了行星的轨道运动和自转之外，还必须假设地球还有一种额外的运动。相对于天球赤道而言，倾斜的地轴总是与自身或穿过太阳的固定线保持平行。因此，对于中北纬度地区的观测者来说，夏季太阳比冬季太阳升得高。在哥白尼的太阳系模型中，包括地球在内的行星被镶嵌在由最细微的物质组成的天球中，被裹挟着在轨道中运动。因此，地轴将不断相对于通过太阳的假想线进行位置调整。为了解释黄道倾角的恒定性，哥白尼特意加入了让地轴锥形旋转的第三重运动，通过这种运动可以进行必要的角度修正。

第三部分
哥白尼及其影响

第 7 章

哥白尼带来的挑战

到牛顿为止的近代物理学的起源可以解释为应对哥白尼理论所带来的挑战。《天体运行论》引发的天文学改革需要一个物理基础，需要一种具有普遍解释力的物理学，它根本不同于亚里士多德的物理学。在此揭示的静止和运动的等价性只能在其宇宙学的前提条件下得以理解，才能由此解决地球运动的物理问题。哥白尼对地心说的局部超越最重要的结果之一就是认识到直接感官经验的不足和欺骗性。包括经验物理世界在内的感官世界需要进行宇宙的相对化。通过揭示地球作为固定点的欺骗性，认识到其处于快速运动中的事实，由此否定视觉上的先入为主，这需要在认知上进行处理并且进行合理的解释。

一般认为,(在牛顿第一定律的意义上)假想的惯性定律恰恰因为其非常不明确、非常抽象,从而为哥白尼理论做出了基础性贡献,特别是与万有引力定律相结合,即对普遍存在的万有引力的假想。在这种观点中,由于天体位置预测的精确性而获得了说服力,天体被视为惰性和沉重的物质块,它们被一种原初动力推动,现在则在惯性运动和引力的相互作用下永远绕着彼此旋转。为了保证上述预测的精确性,天体的密度值必须适应各自的方程式。整个过程演变成了众所周知的一个虚构的宇宙机器,它由机械因果论决定,在这个机器中,生命现象被贬低为异物,(自达尔文以来)成为盲目进化的骰子游戏中的"偶然"。

尽管这种虚构近年来受到越来越多的批评,但它仍然是科学研究的典范,即使是自普朗克、爱因斯坦和海森堡以来现代物理学的革命性转变也无法从根本上改变这一点。正如物理学家弗里乔夫·卡普拉(Fritjof Capra)所认为的那样,这远非提供了整体(全面)或"生态"对自然观察进行重新评估的切入点，而是显示了宇宙的这种明显的全面数学化是机械思维的一种强化形式，而非对其进行超越或限制。在这种情况下，传统的时空因果关系范畴变成了基本场方程的变量，这只是伽利略创造的科学方法论的合理发展。

尼采描述的抽象自然科学的虚无主义后果在这里表现得尤为"严重"。还应该考虑到，全球核灾难的可能性是现代理论物理学的结果，其深入到物质的内部结构，就像打开了大自然的安全锁一样。与此同时，18世纪末的让·保罗勾勒出恐怖的景象，即一个没有神明的无边宇宙，一个充满虚无主义的无意义世界和人类在其中的极度陌生感已经变成了精神和心理上的"现实"。牛顿的天体力学所带来的虚无主义后果，曾被科学史家亚历山大·柯瓦雷形容为"宇宙的毁灭"。牛顿之后的科学思想摒弃了所有"诸如完美、和谐、意义、目的等基于价值观念"的考虑，存在最终"变得完全与价值无涉，价值世界同事实世界完全分离开来"[99]。再次引用尼采的话："自哥白尼以来，人从中心点的位置滚向未知的虚无。"

这是否是哥白尼学说的必然结果？正如我们所见，哥白尼自己正是通过他的改革试图将人类重新引领到宇宙的中心，寻求恢复其宇宙存在和认知的尊严，这正显示了他人本主义和人类中心主义的观点。他并没有贬低人类，反而违背了经院哲学的观念，将人类的地位"提升"了。人类与宇宙之间的不对称并不是他的问题，直到后来在哥白尼学说的发展历史中，人类在浩瀚无垠的宇宙面前的卑微、渺小才逐渐显现出来。柯瓦雷所说的精神上的"宇宙毁灭"不能"归咎"于哥白尼。他关注的正是宇宙秩序的和谐、对称和完整性，其中显然带有柏拉图和毕达哥拉斯的影响。这在哥白尼学说中关于宇宙法则可以通过数字理解，以及人类理性能够充分认识物质宇宙结构的观念中有所体现。

就哥白尼的后继者在思想上对宇宙整体性的瓦解而言，似乎可以由此得出现代对自然生态系统的破坏这一结果。那些在精神上摧毁了自然或其中内在的生态整体性的人，迟早也会试图对因此被贬低的东西进行物质上的破坏。换句话说：对宇宙的思想上的瓦解最终会导致对地球的破坏！由于我们这个时代的任何思维活动都不可能不受到对地球生命可能被完全毁灭的认知的影响，在这种前提下，将过去置于这种观点下进行审视是合理的，也包括对科学史提出疑问，从而探讨不可思议的事情如何变得可能和真实，关键的决策是何时做出的，以及在必要时如何阻止普通的涡流变为剧烈的混乱局面。通过介绍，概述了后哥白尼时代虚无主义的情况，同时明确了本研究中科学史的视角。一直以来，令人困惑的问题是，事实虚无主义是如何从对哥白尼理论的思想加工中产生的。当人们想到这里所说的关于哥白尼的全部内容时，这一点并不是显而易见的。因此，将哥白尼挑战的核心内容总结并以问题的形式表述出来。这些问题，即使在哥白尼的著作中没有明确提到，也可以从日心天文学的结果和原则中推导出来。

1.为什么地球的运动不受直接感受和物理感知的掌控？（在经典力学理论框架下，旋转作为一种加速度形式，这样的物理记录方式在此可以不予考虑）换句话说，为什么地球物理学不需要去解释"飞奔着"

的地球运动?

2.有哪些"力量"推动着一众天体沿其轨道运动?(在去除了支撑行星的物质天球这一思想障碍后,这个问题变得尤为迫切)是什么导致了地球(天体)的旋转?

3.如何解释与天体有关的重力相对性?这个问题可以分解为两个问题:

3.1 重力有哪些作用形式?

3.2 如果空间结构不再作为亚里士多德式的引导场,那么重力的起源是什么?(起源问题与重力的物理或形而上学的"本质"问题相关)

4.宇宙是有限的还是无限的?如果宇宙是有限的,如何确定其有限性的边界?有限性之"外"是否有空虚空间?或者,如果亚里士多德指出在物质世界之"外"的彻底不同和时空遥不可及时,他是正确的吗?

5.如果地球被"升级"为天体,是否有比单纯的轨道运动更进一步的类比?例如,其他天体是否也有生物居住?

6.被从宇宙图谱中央驱逐出去的人类与宇宙有什么关系？一个人怎样才能使渺小的自己在宇宙中"可得生存"，而不被视野所不及的宇宙无限性带来的压力所麻痹？

7.如果地心论的存在等级结构被摧毁，那么神在无边界的宇宙中有什么作用？

8.如果感官经验受到如此基本的欺骗，如何处理不可见的超然力量，如何认识感官世界的片段性和"扭曲反映"？

这些是哥白尼挑战中最主要的问题。对近代物理学来说，第6个至第8个问题完全可以被忽略，因为它们被认为是无法用科学来解答的。第3个问题被限制在重力作用方面，而其起源和本质方面则被转移到哲学领域，至少它没有被认为属于物理学领域。例如，伽利略认为，询问重力是什么或它如何产生是毫无意义的，重要的是它的**作用方式**，以及如何用数学－实验法来描述它。

不提出某些基本问题，即对于可达到的部分知识放弃相应的整体和本质问题，是物理学方法的重要组成部分。对于事物和人类的目的和原因的问题不在科学考量的范围之内，对可分离事实的数学描述取代了对"本质认识"的努力。对可观察数值的实证主义限制，自然现象向着越来越广泛的数学形式主义的简化，加上数学形式主义被毕达哥拉斯－柏拉图主义所证明的合理性，这些都创造了因果机械论的世界观——一个没有神秘感、具有决定性法则的世界，在其中，神灵似乎完全可有可无，或被赋予"制表师"和数学家的职能。这种远见离虚无主义只有一层薄薄的隔膜，随着经典力学的每一次成功，它都会失去越来越多的"分离力量"。如马克斯·韦伯（Max Weber）所说，科学对"世界的祛魅"已经无法停止，并将生命驱逐出它的最后角落。

应对哥白尼革新所带来的巨大挑战，这不应该成为一项仅仅限于研究现象中所谓客观的、可量化方面的物理学的任务。实证主义放弃本质问题意味着它同时也放弃了真正充分地对后哥白尼认知局面进行探讨的机会。那种具有威胁性的一维观察方式的虚无主义结果与对自然环境越来越强烈的侵略性征服相对应，在意志和理解的文化看来，自然环境是一个无生命的客体世界。

哥白尼挑战涉及物理、宇宙学、形而上学和人类学等问题。第一位真正重要的"哥白尼主义者"——哲学家乔尔丹诺·布鲁诺，也是几个世纪以来最激进的人，是唯一一个能够洞察到哥白尼日心说只是迈向重新确定人类在宇宙整体中存在的第一步之人。在布鲁诺的单子论中，他试图将人类学和无限宇宙论相结合：通过单子——他的形而上学本质核心——人类可以接触到宇宙创造过程，单子被构想为宇宙的镜子（莱布尼茨后来接受了这一思想），作为认识和作用单位，保证人类参与宇宙的法则秩序。从布鲁诺单子论的角度来看，康德的唯心主义可以解释为试图回避真正的空间无限性。在这里，我们应该再提到第一部分，其中概述了唯心主义和后哥白尼认知局面之间的关系。

不管是唯心主义者还是唯物主义者——哲学家和物理学家都很难应对哥白尼的挑战，真正摆脱地心视角。在伽利略后继者的抽象自然科学中，并没有始终成功地"保留"哥白尼主义的实质——也就是地球表面体验的宇宙相对化。相反,天文学家哥白尼的矛盾被采用了,这些矛盾也妨碍了哥白尼,总是在自己原则的层面上进行论证——某种"专家心态",对数学的高估直至数学形式主义的形而上学,以及对自然哲学的结果或者对哲学整体性观点的回避。

第 8 章
机械主义世界观

在 17 世纪，出现了抽象的机械宇宙概念，以伽利略、笛卡尔和牛顿为代表，尽管受到包括自然科学家自己在内越来越多的批评，但它至今仍占主导地位。需要再次强调的是，相对论和量子论远非真正的替代选项，它们起源于自伽利略以来的抽象自然科学的连续性，并一直推动着虚无主义的"宇宙毁灭"（柯瓦雷）。将数学人工语言绝对化作为表达自然界的唯一适当方式，并将其与各种实验情境的精确度、预测能力和可重复性联系起来，成为近代科学概念的总体趋势。测量一切可测之物，并把不可测的变为可测——这是伽利略的要求，成了科学认识现实的轴心。放弃本质问题具有深远的影响，因为现在需要用虚构来实现对宇宙和自然环境的计算式访问。同样被排除的是有关天体"实际"运动原因的问题：机械主义思维假定匀速直线运动将永远持续。在这种观点下，行星不断围绕太阳运动，太阳引力和向外飞行的惯性力保持平衡。

马克斯·雅默有理有据地指出，在经典力学中，物体的惯性或惯性阻力被赋予了那种在毕达哥拉斯－柏拉图天文学中具有"世界灵魂之动力"（anima motrix）的功能。重力成了无法解释的物质基本力量。

牛顿本人认为重力与惯性不同，**不是**一种真实的物理力量，他还是与他的名字相关联的超距作用的坚决反对者。根据这一理论，引力作用不需要时间，可以"瞬间"无形地穿过真空，不受任何介质或其他物理过程的影响，不管距离有多远，这应该适用于每一个原子论设想的粒子。这是一个惊人的虚构，莱布尼茨对此进行了尖锐的抨击！在将万有引力定律应用于天体时，唯一的经验值是 $1/r^2$ 因子，这是引力场径向对称形式的数学描述。天体各自的质量和密度值是无法直接确定的，尽管如此，为了做出数学的陈述，必须进行数字赋值。这些数字赋值需要在相互补充和相互制约的虚构和假设的复杂网络中进行，其实验的不可证明性是毋庸置疑的。

此外，经典力学质量概念在原则上的不准确性，是19世纪实证主义者［主要是恩斯特·马赫（Ernst Mach）］首先揭示的。机械论的质量概念主要源于日常的重量经验，如果没有原子的参考框架，这是无法想象的：牛顿本人将惯性作为物质固有的基本属性追溯到仅仅是"物质量"（quantitas materiae），即一定体积内坚硬的、不可分割的"实心球体"或原子的数量——无疑是一种极端唯物主义的思想。在引力方面，牛顿不是机械论者，甚至不是唯物主义者。他明确拒绝为引力提供物理成因的解释，并在多封信中指出非物质介质的传递功能，这使他受到指责，说他把引力变成了"神秘质量"，最终变成了一种奇迹。

牛顿认为宇宙需要神的不断干预，而笛卡尔和莱布尼茨则相信宇宙有着机械的"自洽性"。但是，因果机械论世界观的进一步发展越来越少地呈现出哲学上的细微差别,特别是部分认识的客观,或更谨慎地说是互为主观的特征,似乎一再证实**整个**系统的现实价值。牛顿公理的技术应用和测量精度的提高使任何怀疑都显得十分过时,而哥白尼挑战的自然哲学和认识论维度则完全从视野中消失了。自望远镜发明以来,视觉在天文学中的重要性不断增加,使得理论上的发现变成了感官体验,而地球光学的宇宙学因素和局限性几乎被遗忘,这不足为奇。在我们这个时代,从"外星"视角拍摄的地球图像被数百万次地传播,这暗示人们已经摆脱了地球表面固有的视角,但实际上这只是刚刚开始。

牛顿认识到宇宙中天体的运动和地球表面的自由落体运动是同类的物理现象,这被认为是他取得的卓越成就。只是这种被称赞的统一性的"代价"相当高昂——前述的机械论思想"摧毁了宇宙"。

尽管理论物理学声称自己是一门经验科学,但实际上涉及经验的本质和原始含义却越来越少。牛顿曾经怀疑他发现的定律是否适用于太阳系以外。今天,包括宇宙起源学在内的推测宇宙学是一个公认的研究领域，只是没有一个"恒星"或星团可以严肃地被视为物理经验的对象，自身位置和可能的经验条件的宇宙相对性是无法"跨越"的。无法将作为"宇宙主体"的地球的感知形式排除在宇宙的"客体世界"的假定统一性之外。再次引用哥白尼《天体运行论》中的核心观点：

> 因此，我认为首先必须仔细考察地球在天空中的地位，否则在希望研究最崇高的天体的时候，我们对最靠近自己的事物仍然茫然无知，并且错误地把本来属于地球的事情归之于天体。[100]

换句话说，对于地球视角的物理和宇宙学条件的无知，可能会导致对宇宙现象的解释产生重大的错误和扭曲，导致因果关系的混淆。在这方面，哥白尼本人并不是一个坚定的"哥白尼主义者"（如果可以这样说的话），而且那些将其奉为神明并希望体现其精神的人也只是能实现一部分心愿。感官世界的欺骗性并没有完全被识破，尽管部分抛弃了地心说，但是在普遍的科学意识中，亚里士多德的经院哲学元素仍然占有一席之地。

自然哲学家赫尔穆特·弗里德里希·克劳泽（Helmut Friedrich W. Krause，1904—1973年）特别指出了这一点，像他所敬仰的乔尔丹诺·布鲁诺一样，他是"所有体系的异端"，是"所有学派和神圣机构的局外人"（布鲁门贝格论布鲁诺）[101]。他指责数学自然科学没有真正克服地心说的思维方式，也没有认识到感官世界的宇宙感知条件。在他的《世界的构成》（1970年作为《论彩虹和创造法则》的第一部分出版）中，他写道：

我们感知器官的世界展示出效应，而在最深处，原因既超出了感觉器官的范围，也超出了只能执行感官刺激的排序功能的理智……如赫拉克利特和乔尔丹诺·布鲁诺所强调的那样，我们的感觉器官是非常不足的。这种感觉器官的不足导致了各种各样的错觉。

最重要的错觉之一就是来自我们核衰变场的径向结构的影响。我们的感觉器官无法感知天体的自转和它围绕太阳的运动。从西方世界观的形成中，我们知道，西方人在思想上经历了很多个世纪的发展才从亚里士多德的"地心说"中解脱出来，从内心里接受了哥白尼所继承的来自阿利斯塔克的日心论。

在眼睛看来，我们的地球静止不动，太阳和其他天体似乎在围绕着它旋转。克服这种错觉是一种思想上的成就，但却没有从表象世界的所有现象中去找到结论。[102]

这里提到的"我们核衰变场的径向结构的影响"是指在《世界的构成》中阐述的引力理论，这个理论对于我们的联系非常有启示性，因为它采用了布鲁诺对哥白尼的成果进行的极端化处理，并将地球物理学置于全面的宇宙相对化之下。

对于赫尔穆特·克劳泽来说，引力是天体核心中物质衰变的作用，天体表面和更广泛的宇宙范围内可检测到的引力效应的径向性令人惊讶地在天体中心的方向上"持续"。随之而来的是，在接近地球核心时，物质的压力负荷增加，这与引力场的径向形式相对应。根据克劳泽的说法,在核心附近,物质被"撕裂",即完全转化为它所基于的"空间能量"。这种径向对称形式的物质辐射形成了一种极具弹性、密度和可变性的能量场;它可以不受限制地穿过所有物质层,因为它是最高形式的"精炼"能量,并且不具备任何波动或粒子属性。迈克尔·法拉第(Michael Faraday)已经暗示了这种可能性,而克劳泽则进一步发展了它——引力的宇宙归类为一种无质量的能量辐射,来自每个天体中心的物质衰变,无论它是行星还是"太阳"性质的天体。核衰变场同时也是一个物理导向场——它决定了地球物理学,构成了整个电磁辐射类型的"介质"。19世纪的以太论中的机械主义观念在这里没有立足之地。

整个天体相对于自身的空间能量场保持静止,它"承载"着天体物质并使其保持凝聚,为什么无法通过机械和光学手段来确定地球的速度,这就是众所周知的原因所在。只有核衰变场才能保证天体静止和运动在各自的天体表面上是等价的。地球的椭圆变形是由场的状态变化引起的，这是由地球场和太阳场的巨大相互作用造成的，这就导致了地表重力变化的宇宙条件性，这也在世界海洋的潮汐中产生影响。地球核衰变场的状态变化表现为电磁辐射能量等。就给定物体的"惯性质量"的机械恒定性而言，既不能将物质视为绝对量，也不能将光视为绝对量，就像任何物理"常数"一样，它们完全依赖于核辐射场。重力不仅仅是无法推导的"存在"，而是始终从天体内部的物质分解中得到补充。太阳和"恒星"中心的核聚变过程作为电磁辐射能量来源的虚构，被这种宇宙光的产生方式推翻了。核辐射的导向场功能也导致了宇宙环境辐射从直线上的偏移，这在任何地方都可以观察到。恒星的旋转和轨道运动是由能量场的差异性相互作用导致的。

天体的形成和消亡反映在各自辐射强度的增加或减弱上。克劳泽认为，"螺旋星云的逃逸"、遥远星系光谱中的红移（也称为相对论红移）、放射性和其他现象是地球磁场强度下降的影响。宇宙环境仿佛消失在整体的世界中，通过星系的表观远离速度，这是一个间接可测量的过程。根据克劳泽的说法，它被解释为宇宙物体的**真实**逃逸运动，是对场决定的地球感知结构的误判。

克劳泽总是在乔尔丹诺·布鲁诺的宇宙观念上进行讨论，并不断努力将哥白尼挑战的八个问题领域作为一个整体思考，这个整体最终是精神本质上的。就像布鲁诺一样，他得出了以下论点：宇宙是无限的，其中包含无数的生命形态，所有天体都具有基本可居住性。

第 9 章

布鲁诺与哥白尼主义

哥白尼主义影响的历史与近代物理学和天文学的历史几乎重合。对于哥白尼主义影响历史的一个概述远远不够，因此有必要将其限制在一些核心方面，这些核心是从最初的问题中得出的。对于后哥白尼时代的虚无主义的原因和克服其可能性的问题是本研究的核心。

布鲁诺（激进化的）哥白尼主义的形成具有特殊的时代性，因为另一条路线——抽象自然科学和思想上的宇宙整体分解的路线，已经走到了尽头，并把我们带到了自我毁灭的边缘。因此，回归那些自然哲学思考形式似乎更为必要，这些思考形式可以为真正的替代方案提供基础，以消除一种流传甚广的误解，与

"神秘主义"、反科学或非理性主义无关。

早在1610年,开普勒就在写给伽利略的信中谈到了乔尔丹诺·布鲁诺是"宇宙无穷论的狂热信徒"[103],这个贬义词在此后的许多叙述中反复出现,试图将布鲁诺的哲学与神秘主义相提并论。在同一封信中,他还提到了伽利略用望远镜进行的观测活动:"如果你也发现了围绕恒星运行的行星,那对我来说就意味着被放逐到布鲁诺的无限宇宙中。"[104]这种"放逐"在开普勒的想象中被形容为一种地心-亚里士多德主义激发的噩梦。开普勒坚持天文学的可见性前提,表明他很大程度上被托勒密的思维模式所束缚。

伽利略完全没有提及乔尔丹诺·布鲁诺,尽管可以证明他很熟悉布鲁诺的

伽利略与他的望远镜

《圣灰星期三的晚餐》，并且也做出过相应的评价。伽利略主要是在 1632 年的《对话》(*Dialogo*) 中驳斥了那些反对地球运动的意见，而这些反驳早在半个世纪前就在布鲁诺的第一部宇宙学著作中出现了。虽然布鲁诺作品中对后来自然科学认识的"预见"常常令人感到惊奇，他宇宙观的激进性也受到钦佩，但"善意的"描述往往只止于强调布鲁诺的先驱地位，而作为一名以他的出生地为名的诺兰人，布鲁诺那与众不同的自然哲学却很少被人赞赏，反而受到蔑视。汉斯·布鲁门贝格写道：

> 古老的亚里士多德式反对意见认为，在地球绕其轴旋转时，下落和投掷过程会相应地发生变化，并且会出现离心现象，哥白尼将这些问题处理到无需讨论的水平。然而，即使是布鲁诺也没有弥补这个不足。他只是引入了一个无法理性描述的辅助概念，宣称地球连同其大气层和其表面的所有物体为一个"有机体"，也就是整体的一部分，而在每次运动中都表现为这个整体的一部分。[105]

乔尔丹诺·布鲁诺的《圣灰星期三的晚餐》呈现了取代哥白尼学说的工具箱中所有手段的特殊解决方法，这些方法可以一举抓住哥白尼主义的成果，并可以省去下一个世纪的工作。在惯性原理和引力定律尚未发现的情况下，天体有机结合的隐喻思想掩盖了解释力的不足。[106]

在这里提到的"隐喻思想"确实具有一种自然哲学的解释价值，但这种价值能够规避布鲁诺著作中"糟糕的语文"。布鲁诺如何解释地球位置的静止表象呢？在《圣灰星期三的晚餐》中，他写道："仔细观察，人们会发现，地球和我们称之为天体的其他物体，作为宇宙的主要成员，不仅给予那些从它们中汲取物质并将其归还的东西以生命和营养，而且自己也同样或更大程度地承载着生命，通过内在原则带着坚定和自然的意志沿着适当的轨道运动。不存在其他的外部驱动者来推动那些仿佛被固定在虚构天球上的天体。如果事情确实如此，那么运动是强制性的，违反了被推动物体的本性，而推动者也是不完美的，且运动与努力和疲劳有关……因此，地球和其他天体也会根据它们的不同位置，从内在原则出发运动，这个原则就是它们自己的灵魂。"[107] 而在1586年的《反对亚里士多德学派关于自然和世界的120条论点》(*120 Thesen gegen die Peripatetiker über Natur und Welt*) 中，布鲁诺写道："第一推动者不在地球之外。它的位置在地球的中心（in centro telluris）。"[108]

布鲁诺有关天体是大型有机体的想法很可能不是隐喻。至少就地球而言，过去几十年的经验告诉我们，忽视自然环境的生态或"有机"联系会导致灾难。我们有足够的理由认真对待布鲁诺作品中的自然哲学整体观，并将其转化为现实。布鲁诺主张宇宙普遍存在的生命原则，与笛卡尔的观点相对立，后者认为自然是纯粹的扩张或实体化的数学。动物由于它们不能"思考"，因此被视为是复杂的机器！在布鲁诺的自然哲学中，整体性的思想包括了存在和意识、自然和精神的统一，而且在存在的所有层面上都是如此。

这对应着自然科学的一个概念，它始终考虑部分与整体之间活生生的相互关系。例如，宇宙运动在现代物理学中被稀释为仅仅是位置变化的抽象概念，但在布鲁诺的物理学中，它意味着运动物体的有机状态变化，包括天体和其他任何运动物体。物质的各种表现形式成为整体关系场的"有机"功能，由此得出结论，无法为给定的物体抽象出恒定的基本特征（就像经典力学的质量概念中发生的情况那样）。布鲁诺并没有否认天体运动是可数学化的，但他坚决反对将物理现实和数学虚构等同起来的天真观点。对他来说，摆脱地心天文学，就意味着从将任何形式的数学虚构应用于宇宙运动的自然哲学中解脱出来。在《圣灰星期三的晚餐》中，他让"布鲁诺思想的代言人"泰奥菲洛说："关于天体运动的对称性、秩序和度量，他（布鲁诺）遵循着古人和现代人一直以来所熟知的东西。这不是他所关心的，他不是来与数学家争论并否定他们的测量和理论，他完全同意并相信它们。他真正关心的是自然和对这些运动对象的认识。"[109] 在另一处，他说："运用几何是一回事，通过研究自然来探寻真理又是另一回事。"[110]

人们可以看出，布鲁诺不赞同哥白尼、开普勒和伽利略关于数学在宇宙中具有构建力量的观点。这也意味着他反对柏拉图公理将匀速圆周运动作为天体运动的构成要素。他说："如果没有哥白尼的伟大发现……计算、测量、绘图和设计的艺术不过是足智多谋的傻瓜们打发时间的消遣。"[111]当数学从自然哲学的整体观中解放出来后，它就成了"愚蠢的行为"，比如在地心说的天文学中，它就被用于宇宙学的幻觉之中。布鲁诺对数学的态度并不像人们通常认为的那样表现出不能理解数学抽象概念的症状，而是对基于自然哲学的虚构进行的基本批判。

布鲁诺对哥白尼的评价是：

他是一位严肃、精细、活跃且成熟的伟大天才，是一位比在他之前的任何一位天文学家都不逊色的人物……他没有受到一般庸俗哲学的一些虚伪前提的束缚，这样的前提是盲目的。他考虑得更多是数学，而不是自然，他不能够充分摆脱错误的前提而深入进去，以彻底清除那些偏狭而空洞的原则……然而，尽管如此，谁不会由衷地赞扬这位日耳曼人的伟大呢，谁会不顾那么多的错误还能坚定地站在各种反对观点的对立面呢？虽然他几乎并不掌握新的理由，但他却能运用他所能找到的零散而被忽视的古典文献，更多的是通过数学而非自然哲学的观察方式对其进行梳理、衔接和证明，使那些被讥笑、反对和诋毁的东西变成差不多与原先相反的东西，使它们受到尊敬和珍重，成为对于理论和计算天体运动而言更方便、更简单的东西。[112]

这里指出的对"偏狭和空洞的原则"的"清除"，是布鲁诺在自己的哲学作品中的主张。这涉及一个仅在宇宙学、物理学和形而上学基础上很少被人理解和赞赏的"感官知觉批判"。乔尔丹诺·布鲁诺在宇宙现象领域对主客体关系进行了彻底的重新定义——在继承哥白尼方法的基础上，他超越了地心说的感知结构。

对于布鲁诺而言，仅仅因为太阳提供光和热就将它视为"宇宙火炉"，这是一种天真现实主义的地球视角。在后哥白尼时代，太阳圆盘发出明亮耀眼的圣光，这并不总是被解释为一个发光体的形象［这里仅举几个例子：牛顿、伏尔泰、赫歇尔（Herschel），他们都认为太阳上有生物居住］。直到基尔霍夫（G.R.Kirchhoff）将光谱分析应用于太阳光线分析，并根据地球实验的模式进行了评估，如所谓的维恩位移定律和保罗·朗之万（P. Langevin），汉斯·贝特（Hans Beth）和卡尔·弗里德里希·冯·魏茨泽克（C.F.v. Weizsäcker）的虚构，太阳和"恒星"才被想象成发光的气体球。由赫尔穆特·弗里德里希·克劳泽描绘的宇宙光的起源确定（作为各自核衰变场的状态变化）可能会为宇宙辐射现象的评估注入新的动力，并至少使天体的基本宜居性及其坚固且"冰冷"的构造变得更有可能。例如，根据克劳泽的观点，地球上的火山是由于物质在快速进入场密度较低的区域时，发生原始固态物质的相变所致，这又与越接近地心的原子旋转越快有关。

布鲁诺在 1584 年的著作《论无限、宇宙与众世界》（*Vom Unendlichen, dem All und den Welten*）中写道：

布鲁诺画像

我们将证明，无限天体中的任何一种东西相对于自身而言既不重，也不轻。因为这些质量只是与局部有关，正是因为它们总是趋向于自己的整体，趋向自己保持的位置，所以它们与宇宙无关，而与一些个别的和整体的世界有关……其次，必然得出这样的论断，大的宇宙天体就其自身而言不可能有轻，或重，因为宇宙是无限的，并且在大的天体中无论对中心的远离或靠近都是没有关系的。所以在自己的位置上的地球并不会比在自己的位置上的太阳或土星或北极星更重。[113]

对于布鲁诺来说，天体不是具有惯性和重量的物质块，它们会相向坍塌，是整体，有灵魂的存在；重力被彰显为与天体有关的属性，从而一方面部分地

"预演"了牛顿的思想,另一方面避免了宇宙学思维的机械形式。天体物质整体被独特地"精神化",或赤裸裸地脱离其物质性,因为地球表面重力现象不适用于整个地球。

在谢林的自然哲学中,我们会看到类似的表述。在1802年的《基于哲学体系的进一步阐述》(*Fernere Darstellungen aus dem System der Philosophie*)一文中,他写道:"因此,它们(指内聚力和重力)不是天体本身的属性,因为我们指的不是外部的物理质量,而是它的内在统一性。"[114]

在我们这个时代,赫尔穆特·弗里德里希·克劳泽更新了布鲁诺的重力概念,并将其与他提出的统一场论联系起来,形成了一个有力的证明形式。天体的引力不是由物质微粒的最终无法解释的基本属性所导致的,而是由来自天体核心的径向能量辐射的效应引起的;场穿透了天体物质并保证了它们的凝聚力,同时也是天体的真正运动载体。在其自身能量场的参考系中,地球是"静止的"!**因此**,静止和运动之间存在着著名的等效性,这在能量上是合理的,而不是简单地被假定为虚构。"重力质量"和"惯性质量"是场变量，是填满无限空间的天体能量场内的变量。径向引力效应在天体中心互相抵消。

在这里只能简单地提及布鲁诺和克劳泽的推论，这是哥白尼后果最激进的表现：它使地球的感知在宇宙条件下完全相对化。

机械论对"有机"和整体的贬低导致了思想上"宇宙的毁灭"，导致人类在宇宙虚空中迷失于虚无主义——这与家园星球的毁灭相关联。这也是"哥白尼转向"的结果之一。尽管哥白尼的形象有一定的矛盾性，但是，通过抽象的自然科学对宇宙进行一元化处理并不是哥白尼挑战的必然结果。布鲁门贝格所揭示的哥白尼主义的失望，也就是将人类融入宇宙生命和效应联系的希望破灭，往往导致了某种形式的"回归地心说"，即在人文主义的标志下被禁锢在地球上——正如开头引用的托马斯·曼的小说《浮士德博士》中蔡特布洛姆的话所表明的那样。然而，哥白尼主义的原则可能尚未被彻底利用。存在主义的挑战仍然存在。

附录一

哥白尼年表

1473年	2月19日,尼古拉·哥白尼(Nikolaus Kopernikus,他本人的签名通常为Copernicus,Coppernicus或Coppernic)出生在弗罗茨瓦夫/维斯瓦河畔的托伦城(Thorn/Weichsel),其家庭出身可能是德国商人。自1466年起,托伦归属于波兰领土,但却是一个以德国人口为主的城市(1231年由德意志条顿骑士团建立堡垒,1233年被赋予城市权)。关于哥白尼属于波兰人的说法,虽然缺乏充分的证据,但也并不能完全予以否定。
1483年	父亲去世。舅舅卢卡斯·瓦岑罗德(Lucas Watzenrode)承担起了对少年哥白尼进行教育的任务。
1489年	卢卡斯·瓦岑罗德就任瓦尔米亚(Ermland)地区(自1466年起成为波兰王国的保护国)主教。
1491年	从冬季学期开始,哥白尼进入克拉科夫大学学习。在接下来的几年里,他学习了天文学、数学、亚里士多德哲学和拉丁文学的基础知识。瓦岑罗德主教推动了哥白尼进入瓦尔米亚地区的教会——三年的大学学习是被选为教士的要求之一。

1494年	哥白尼没有获得学位就离开克拉科夫大学，回到了普鲁士。
1495年（或1497年）	哥白尼被选为瓦尔米亚地区弗劳恩堡大教堂的教士。弗劳恩堡有十六个教士的职位，这些职位很受欢迎，尤其是出于经济原因：教士们在经济上得到了很好的保障，而且职责相对较少（他们负责各种行政工作，而且这些工作至少有一部分是可以自愿完成的；大学学习神学和成为神父这两项条件被认为是可有可无的）。
1496年	在夏季或秋季，哥白尼继续在博洛尼亚学习。他在博洛尼亚大学正式学习了近四年的教会法和世俗法，但他主要致力于天文学和数学的研究。他与天文学家多梅尼科·诺瓦拉有密切的私人联系，协助他进行天文观测。诺瓦拉对托勒密地心说的正确性表示怀疑，继而又把这种怀疑带给了哥白尼。
1500年	哥白尼从博洛尼亚前往罗马，然后在弗劳恩堡短暂停留。在这里，他又请假再次去意大利学习医学。
1501年	开始在帕多瓦大学学习医学。哥白尼向亚里士多德学派的约翰内斯·莱奥尼库斯（Johannes Leonicenus）学习希腊语。莱奥尼库斯向他指出，在西塞罗的著作中提到了毕达哥拉斯学派的希西塔斯（据说希西塔斯认为，除了地球之外，宇宙中没有其他天体在运动）。在意大利，哥白尼目睹了亚里士多德主义与人文主义之间激烈的争论。
1503年	哥白尼从帕多瓦前往费拉拉，在那里获得了教会法博士学位。随后，他最终返回瓦尔米亚。

1504 年（或 1506 年）	哥白尼开始在赫尔斯堡（Heilsberg）的主教官邸工作，一直持续到 1510 年或 1511 年。在这段时间内，他首次提出了日心宇宙体系学说——《短论》（最迟于 1514 年完成）。除了行政工作，哥白尼致力于天文观测，并进行了深入的科学和哲学文献阅读。
1509 年	哥白尼出版了他的第一部作品，将作家泰奥菲拉克特·西莫卡塔的希腊语作品《风俗、田园和爱情信札》译成了拉丁语。他的朋友劳伦丘斯·科维努斯撰写的序言诗中可能暗示了有关地球运动的学说。
1510 年（或 1511 年）	哥白尼搬到了弗劳恩堡，履行常驻教士的职责。他成为弗劳恩堡神父会办公厅主任。
1514 年	哥白尼被邀请参与计划中的历法改革。教皇利奥十世将历法改革列入拉特兰宗教大会的议程，这是在佛桑布朗的主教保罗·冯·米德尔堡（Paul von Middelburg）的建议下进行的。哥白尼可能被要求与其他知名学者一起提供专家鉴定意见。鉴于对年月及月球运行周期尚缺乏精确计算，哥白尼拒绝对历法改革发表意见，他自己也无法提供确切的信息，但表示将就此继续努力。
1516 年	哥白尼开始担任奥尔什丁（Allenstein）的教产总管职务，他在这个岗位上持续工作到 1521 年，从 1519 年 11 月到 1520 年 11 月之间有所中断。在此期间，他开始着手撰写他的主要著作《天体运行论》，包括第一卷第十章的撰写，这是该著作的核心部分之一。
1522 年	哥白尼的第一份关于改革普鲁士货币制度的备忘录出版（第二份于 1527 年出版）。

1524年	在写给他的朋友伯恩哈德·瓦波夫斯基（Bernhard Wapowski）的信中，哥白尼对纽伦堡学者约翰内斯·维尔纳（Johannes Werner）提出的关于春分点在黄道上缓慢移动（岁差）的理论持反对态度。维尔纳认为恒星天球（即七个行星球之后的第八个天球）可连接在第九和第十个天球上旋转，他试图解释其合理性，并以此推导出所假设的岁差（后来更详细的研究表明，这种类型和程度的岁差实际上并不存在，或者只是由于测量误差导致的虚假效应）。这封信令人瞩目的地方主要在于，哥白尼在1524年仍然坚信古代观测的高度可靠性，特别是坚信托勒密的观测数据，并以此反驳了维尔纳的观点。
1525年	哥白尼的密友，库尔姆地区的主教蒂德曼·吉斯写了一篇反对路德教派的著作，该著作以其温和宽容的口吻而引人关注。这篇著作得到了哥白尼的明确赞同。
1533年	约翰·艾伯特·威德曼施塔特在梵蒂冈的花园里向教皇克雷芒七世介绍了哥白尼关于地球运动的学说，并因此收到一份珍贵的希腊语手稿作为谢礼。
1536年	红衣主教尼古拉·舍恩贝格给哥白尼写了一封信，恳求他提供有关其日心说更详细的资料，以及他的著作和相关表册的副本。这封信的措辞表明，哥白尼自16世纪20年代起就已在学者圈中享有相当高的声誉。作为日心说的早期版本，哥白尼的《短论》以副本的形式流传得相对广泛。舍恩贝格信中所提到的主要作品虽然基本上已经完成，但被哥白尼自己"束之高阁"。哥白尼意识到日心说对于"普通人的理解力"而言"要求过高"，他也担心自己会成为笑柄，因此他努力完善与数学天文学相关的证据链。

1537 年	9月,哥白尼再次进行行星观测,持续到1538年2月。这样做的原因之一是他对古代观测数据的可靠性产生了怀疑,因此,他想对自己的学说进行再次检验。
1539 年	春季,维滕贝格大学的数学教授约阿希姆·雷蒂库斯来到弗劳恩堡拜访哥白尼,并成为他的学生和热情的崇拜者。雷蒂库斯在他逗留的前两个月里学习了《天体运行论》,此外,他还每天与哥白尼进行交谈。夏季,哥白尼和雷蒂库斯在吉斯主教的驻地卢巴瓦(Löbau)逗留了几个星期。
1540 年	约阿希姆·雷蒂库斯在但泽发表了《关于哥白尼〈天体运行论〉的第一份报告》,这是哥白尼的日心说学说首次向公众公开。 该著作的主要部分约30页,是对哥白尼学说的解释,有时夹杂着传记性的评论。该著作的附录部分按照当时的风格,包含了对普鲁士的描述和赞美,其中也融入了传记性的内容。在书中,雷蒂库斯毫无保留地对哥白尼表示了尊敬和崇拜,他将哥白尼称为自己的老师。这部著作引起了极大的轰动,并在短时间内广为传播。同时,纽伦堡的新教牧师安德烈亚斯·奥西安德(于7月1日)给哥白尼写了一封信,他在信中提出了一个问题,即这一新学说是否仅仅应当视为一种假说(在当时的字面意义上,实际上是指虚构"Fiktion"),还是应当被视为客观真理。哥白尼的回信没有保留下来。

1541年	4月20日,奥西安德同时给哥白尼和雷蒂库斯写信,在信中提出了一个建议,即给哥白尼的主要著作加上一篇序言,注明日心说学说都是假说(即否定其现实的真理主张),只有这样才能安抚亚里士多德学派哲学家和神学家们。然而,哥白尼和雷蒂库斯都拒绝了这一提议。 这一年,《关于哥白尼〈天体运行论〉的第一份报告》的第二版在巴塞尔出版。 哥白尼在柯尼斯堡待了几个月,为阿尔布雷希特公爵的一位顾问治病。
1542年	哥白尼发表了一篇关于三角学的论文,后来在主要著作中基本未经修改地重印了这篇文章。尽管他仍然认为至少部分手稿需要修改,他还是决定出版《天体运行论》,该手稿被蒂德曼·吉斯转交给雷蒂库斯,而一份副本(可能来自雷蒂库斯)则作为印刷模板送到纽伦堡。 可能在夏季,哥白尼给教皇保罗三世写了一篇献词,拟作为该作品的序言。最初在纽伦堡监督《天体运行论》印刷工作的雷蒂库斯由于要离开纽伦堡,(在1542年初秋)将印刷工作交给了安德烈亚斯·奥西安德。奥西安德在作品前加上了他自己写的一篇序言,将日心说学说称为仅仅是一种假说。这篇序言以匿名出版(奥西安德的作者身份直到开普勒揭示后才公开)。此外,奥西安德还删去了第一卷的重要序言,并擅自给该书定名为《关于天体旋转的六卷集》(*De revolutionibus orbium caelestium libri sex*),而哥白尼明显打算使用其他标题(原始手稿没有标题)——要么只是《运行》(*De revolutionibus*),要么是《论宇宙体旋转的六卷集》(*De revolutionibus orbium mundi libri sex*)。后一种标题似乎已经暗示着他取消了天与地之间的差别。 11月或12月初,哥白尼患上了中风,导致右半身瘫痪。

1543年 5月24日,《天体运行论》的第一份印刷本到达弗劳恩堡,递交给哥白尼。尽管他已经基本失去意识,但他还摸了摸书的封面。几小时之后,他就与世长辞了。

附录二
人物述评

约阿希姆·雷蒂库斯

我的老师（哥白尼）把各个时代的观测研究与他自己的观测研究按顺序或目录的方式收集起来，并一直带在身边以备查阅。如果要涉及任何论断或建立科学定理，他就会从最初的观察现象出发，再到他自己的观察，并仔细考虑这些观察现象在哪些方面可能是一致的。此外，他还会根据托勒密和古人的假说，在乌拉尼亚女神的指引下，对自己从中得出的结论进行判断。在非常仔细地检查了这些结论之后，他认识到这些假说在天文学自然法则的强制作用下必须加以摒弃，要是没有神的启示和上天的旨意，他肯定不会提出新的假说。

然后,他利用数学知识,通过合理的推导,用几何方法确定从这些假说中可以得出什么结论,再将古人和他自己的观测现象应用到他所假设的假说中。只有在完成所有这些工作之后,他才最终写下天文学定律。

摘自1540年的《关于哥白尼〈天体运行论〉的第一份报告》

第谷·布拉赫

然而,在我们这个时代,刚刚被称为第二个托勒密的尼古拉·哥白尼根据他的观察发现托勒密的计算出了问题。他认为托勒密提出的假说违反了数学公理,并注意到阿方西表的计算结果完全不符合天体的运动。因此,他以令人钦佩的技巧,为自己的假说做出了不同的安排,从而更新了天体运动科学,以至于他能够比他之前的任何人更精确地再现天体的运行轨迹。因为尽管他假定了某些违背物理原理的事情,例如设定太阳位于宇宙的中心,地球连同它的元素和绕着它运行的月亮会围绕太阳做三重运动，而第八个天球体保持静止不动，但他不允许存在任何与数学公理不一致的地方。

如果我们仔细研究一下这个问题，就会发现目前托勒密的假说确实是错误的，因为他认为天体在其本轮和偏心圆上的运动相对于其中心是不均匀的。这是荒谬的，是用不恰当的方式来保证天体的匀速运动。

因此，我们今天所知道的关于天体运行并认为是正确的一切，都是托勒密和哥白尼这两位大师建立并留给我们的。

摘自 1574 年在哥本哈根大学的就职演说

菲利普·梅兰希通（Philipp Melanchthon）

我们的双眼可以见证天空每 24 小时旋转一周。可是某些人不是喜好猎奇就是在卖弄聪明，竟得出地球运动的结论，而且他们主张第八个天球和太阳都不旋转……

只有缺乏诚实和庄重品质的人才会公然表达这种观点，这是危险的例子。一个良善的基督徒应该接受并相信上帝向他展示出的真理。

摘自1549年《物理学的开端》(*Initia doctrinae physicae*)

约翰·加尔文

谁胆敢将哥白尼的权威置于圣灵的权威之上?

摘自对《创世纪》的评论

伽利略·伽利雷

我无法不佩服那些接受了它（指日心说体系）并认为它是正确的人的智慧高度，他们以其坚定的判断力，对自己的感官施加了如此猛烈的"伤害"，以至于他们现在宁愿接受自己的理性向他们发出的指令，也不愿接受他们的感官经验明显呈现出的相反的东西……当我想到阿利斯塔克和哥白尼的理智是如何攻击他们的感官，让理智来驾驭他们的信仰时，我的钦佩之情无以言表。

摘自1632年《两个主要世界体系的对话》(*Dialog über die beiden hauptsächlichen Weltsysteme*)

格奥尔格·克里斯托夫·利希滕贝格

哥白尼将天文学从混乱中解放出来,这一混乱是地球完全静止的假设必然会导致的……托勒密体系的庞然大物主要依靠感官的简单证明,即感官表象。这是一个强有力的论据,会让人认为其坚如磐石,这样的错误当然是可以原谅的……然而,哥白尼以同样的力量和胆识推翻了这一支柱。在彻底摧毁这个长达1400年之久的错误的道路上,幸而是哥白尼迈出了虽然不是最重要,但却是最危险的一步。

摘自1797年关于哥白尼的传记文章

约翰·沃尔夫冈·冯·歌德

在所有的发现和信念中,没有什么比哥白尼的学说对人类精神产生的影响更大了。人们刚刚认识到地球是圆的、封闭的,它就放弃了作为宇宙中心的巨大特权。也许人类从来没有遇到过比这更大的要求,因为有些东西不会因为这种认识而烟消云散——第二个天堂,一个纯真、诗意和虔诚的世界,感官的见证,一种诗意宗教信仰的信念。难怪人们不愿意放弃这一切，以各种方式反对这样一种学说，因为这种学说使接受它的人有权获得并要求迄今为止未知的，甚至是无法想象的思想自由和伟大情感。

摘自1810年《色彩论》(*Materialien zur Geschichte der Farbenlehre*)

恩斯特·布洛赫（Ernst Bloch）

哥伦布依然把地球视为世界的中心，但是一代人之后，这一观点被哥白尼颠覆。所以，人也不仅从自身的舞台中移出，而且从世界的中心中移出。按照宇宙的标准，沙粒纯化和提升到什么程度，这是无关紧要的，几乎算是可笑的问题。穹顶生长在未被任何天文学"标明"的一座行星上，而且围绕只是中等大小的某一恒星旋转。但是，起初这种贬低还不具备后来的那种总体维度，近来它又不能保持这样的维度了……由于地球作为依附者，太阳作为一个固定的参考点毕竟是相对于彼此而决定的，所以，像以前一样，就没有其他的绝对"参考点"吗？对有些人来说，人类的地球仍然停留在事物的"中心"或中央位置；对另外一些人来说则是在天文学背景下，需要考虑到地球在天体力学之外所扮演的角色。事实上，重要的是，虽然哥白尼重新解释了宇宙钟表运行的机制，但另一个这样的"参考点"从未停止存在。它也不以任何方式位于科学之外，它只存在于已被穷究了的旧力学之外，其总体性是无法维持的。

所以，出现了一个新的不同于以往单纯以机械作为参考的体系，即把"人的重要性"作为参考的体系，在这种参考体系中依然没有把我们的地球从"中心"位置拿开。

摘自《希望的原则》（*Das Prinzip Hoffnung*），1959年出版（写作于1938—1947年）

附录三

注　释

有关此处仅以缩写形式给出的书名，其更多详细信息必须从参考书目中获取。只有未在书目中出现的作品才会在注释中完整列出。"Rev."是 Revolutiones（批注版）的缩写。

[1] Friedrich Nietzsche. Sämtliche Werke. Kritische Studienausgabe. Hg. V. Colli u. Montinari. Bd. 12, München 1980, S. 126

[2] Thomas Mann, Doktor Faustus. Das Leben des deutschen Tonsetzers Adrian Leverkühn erzählt von einem Freunde. Frankfurt 1967, S. 266

[3] Mann, a.a.O. S. 271, 272

[4] Mann, a.a.O. S. 272

[5] Mann, a.a.O. S. 273

[6] Mann, a.a.O. S. 274

[7] Jean Paul, Vorschule der Ästhetik. Zit. bei Blumenberg, Genesis. S. 627

[8] Zit. bei Herbert Pietschmann. Das Ende des naturwissenschaftlichen Zeitalters. Wien 1983. S. 111

[9] Nietzsche, Bd. 12, S. 126

[10] Nietzsche, Bd. 5, S. 404

[11] «Der Spiegel» 8/1978, S. 188

[12] Pietschmann, Ende, S. 86 (u.a.)

[13] Carl Sagan, Unser Kosmos. München 1982, S. 266

[14] Zit. bei Jochen Kirchhoff, Schelling (rowohlts monographien 308). Reinbek 1982, S. 67

[15] Arthur Schopenhauer, Parerga und Paralipomena. Hg. v. R. von Koeber. Bd II. Berlin 1891, S. 130

[16] Rev. S. 9

[17] Blumenberg, Genesis. S. 640

[18] Zit. bei Blumenberg, a.a.O. S. 618

[19] Zit. bei Blumenberg, a.a.O. S. 709

[20] Zit. bei J. Manthey (Hg.), Nietzsche. Literaturmagazin 12. Reinbek 1980, S. 379

[21] ebd.

[22] Blumenberg, Genesis.S. 694

[23] Zit. bei Blumenberg, a.a.O. S. 336

[24] Zit. bei Blumenberg, a.a.O. S. 339, 340

[25] Kuhn, Kop. Revolution. S. 135

[26] Blumenberg, Genesis. S. 416

[27] Rev. S. 6. Übersetzung von G. Klaus in der zweisprachigen Ausgabe von 1959. Zit. bei Kuhn, Revolution. S. 144

[28] Kuhn, Revolution. S. 175

[29] Kuhn, ebd. S. 186

[30] Crombie, Von Augustinus bis Galilei. S. 72, 73

[31] Jammer, Problem des Raumes. S. 18

[32] Zit. bei Kuhn, Revolution. S. 83, 84

[33] Koyré, Geschlossene Welt. S. 46

[34] Zit. bei Kuhn, Revolution. S. 85

[35] Rev. S. 17. Übers. zit. bei Kuhn, a.a.O. S. 154 (im Folgenden nur: Kuhn, mit Seitenzahl)

[36] Rev. S. 18. Kuhn S. 154, 155

[37] Rev. S. 18

[38] Kuhn S. 88

[39] Kuhn S. 66

[40] Kuhn S. 68

[41] Kuhn S. 72

[42] Theimer, Relativitätstheorie. An mehreren Stellen des Buches, u.a. S. 168ff.

[43] Kuhn S. 98

[44] Zit. bei Schmeidler, Kopernikus. S. 210, 211

[45] Rev. S. 3, 4. Kuhn S. 137, 138

[46] Zit. bei Blumenberg, Genesis.S. 151

[47] Rev. S. 404

[48] ebd. Übers, bei Schmeidler, Kopernikus.S. 142

[49] Schmeidler, a.a.O.S. 144

[50] Blumenberg, Genesis.S. 36

[51] Zit. bei Schmeidler, Kopernikus.S. 80

[52] Blumenberg, Genesis.S. 243

[53] Schmeidler, Kopernikus.S. 85

[54] Rev. S. 4, 5. Kuhn S. 138, 139

[55] Kuhn S. 140

[56] Kuhn S. 141

[57] Blumenberg, Genesis.S. 206

[58] Zit. bei Schmeidler, Kopernikus.S. 208, 209

[59] Zit. bei Kuhn, S. 185

[60] Zit. bei Blumenberg, Genesis, S. 269

[61] Rev. S. 5–7. Kuhn S. 143, 144

[62] Blumenberg, Genesis.S. 141

[63] Rev. S. 14, 15. Kuhn S. 152, 153

[64] Fragmente der Vorsokratiker, hg. v. W. Capelle. Stuttgart 1962, S. 486

[65] ebd. S. 487

[66] Kuhn S. 49, 50

[67] Platon. Sämtliche Werke. Bd. 5. In der Reihe Rowohlts Klassiker der Literatur und der Wissenschaft. Hg. von Ernesto Grassi. Hamburg 1959. S. 161, 162. In der Stephanus-Numerierung 39 b

[68] Blumenberg, Genesis. S. 275

[69] Aristoteles, Vom Himmel. Zitiert in: Fragmente der Vorsokratiker, a.a.O. S. 488

[70] ebd.

[71] Rev. S. 30

[72] Kuhn S. 279ff.

[73] Zit. bei Fölsing, Galilei. S. 141

[74] Zit. bei Blumenberg, Genesis. S. 24

[75] Zit. bei Blumenberg, a.a.O. S. 281

[76] Rev. S. 22. Kuhn S. 181

[77] Rev. S. 23. Kuhn S. 182

[78] Rev. S. 24. Kuhn S. 182

[79] Blumenberg, Genesis. S. 286

[80] Zit. bei Blumenberg, a.a.O. S. 293

[81] Rev. S. 24–26. Kuhn S. 183–185

[82] Zit. bei Schmeidler, Kopernikus.S. 210

[83] Rev. S. 195

[84] Rev. S. 195, 196

[85] Rev. S. 375

[86] Zit. bei Rosenberg, Copernicus.S. 72

[87] Albert Einstein, Leopold Infeld, Die Evolution der Physik. Von Newton zur Quantentheorie. Hamburg 1956 (rowohlts deutsche enzyklopädie). S. 160

[88] Rev. S. 19. Kuhn S. 156

[89] Rev. S. 15, 16

[90] Kuhn S. 164

[91] ebd.

[92] Rev. S. 10. Kuhn S. 147

[93] ebd.

[94] Platon, Werke. A.a.O. S. 161

[95] Rev. S. 12, 13. Kuhn S. 149, 150

[96] Rev. S. 14. Kuhn S. 151, 152

[97] Rev. S. 18–20. Kuhn S. 155–157

[98] Rev. S. 21. Kuhn S. 158, 159

[99] Koyré, Geschlossene Welt. S. 12

[100] Rev. S. 13. Kuhn S. 150

[101] Blumenberg, Einleitung zum Aschermitt-wochsmahl. S. 21

[102] Krause, Baustoff der Welt. S. 58, 59, 60

[103] Zit. bei: Hoimar von Ditfurth, Giordano Bruno. In: Epochen der Weltgeschichte in Biographien. Die Konstituierung der neuzeitlichen Welt. Philosophen.

Frankfurt 1984. S. 14

[104] ebd.

[105] Blumenberg, Einleitung zum Aschermitt-wochsmahl. S. 39

[106] Blumenberg, a.a.O.S. 11

[107] Bruno, Aschermittwochsmahl. S. 127, 128

[108] Bruno, Opera Latine I, 1, S. 74

[109] Bruno, Aschermittwochsmahl. S. 145

[110] Bruno, a.a.O.S. 161

[111] Bruno, a.a.O.S. 111

[112] Bruno, a.a.O.S. 70, 71

[113] Bruno, Vom Unendlichen. S. 64

[114] Schelling, Schriften 1801–1804. Darmstadt 1976. S. 349

附录四

参考书目

1. 作品和版本

泰奥菲拉克特·西莫卡塔的书信,翻译和解释。克拉科夫(约翰内斯·哈勒尔),1509年。

《尼古拉·哥白尼关于他自己建立的天体运动假说的短论》(*Nicolai Coppernici de hypothesibus motuum coelestium a se constitutis commentariolus*),写于1506年至1514年间。在哥白尼生前,该书仅以手稿形式发行(手稿直到1877年才被发现)。由罗斯曼编辑。慕尼黑(赫尔曼·林恩),1948年。

就约翰内斯·维尔纳撰写的《论第八球体的运动》致伯恩哈德·瓦波夫斯基的信。写于1524年6月3日，仅有副本。

一本精确阐述三角形的边和角，非常有用的小册子，包括平面三角形、直角三角形和球面三角形的边和角，是为了更好地理解托勒密给出的大部分证明，也是为了许多其他目的而写的，作者是非常著名且学识渊博的尼古拉·哥白尼博士。维滕贝格（约翰内斯·拉夫特），1542年。

主要著作的第一版：

《天体运行论》（拉丁语版），尼古拉·哥白尼著，纽伦堡（约翰内斯·佩特赖乌斯）1543年。

其他版本：

巴塞尔1566年版，阿姆斯特丹1617年版，华沙1854年版，索恩1873年版，批判版（哥白尼委员会受德国研究基金会委托出版）：《天体运行论》慕尼黑（奥尔登伯格），1949年。

双语版（拉丁语和德语）：《天体运行论》，由克劳泽编辑，柏林（科学院出版社），1959年。

尼古拉·哥白尼：新世界图景。三篇文章。《短论》《驳魏尔勒书》《天体运行论》第Ⅰ卷，拉丁语/德语。由汉斯·金特·泽克尔（Hans Günter Zekl）翻译、编辑、出版。汉堡（菲利克斯·麦纳），1990年。

2. 参考书目

Zinner, E.: Entstehung und Ausbreitung der coppernicanischen Lehre. Sitzungsberichte der physikalisch-medizinischen Sozietät zu Erlangen. Band 74. Erlangen 1943

Rosen, E.: Three Copernican Treatises. The Commentariolus of Copernicus, the Letter against Werner, the narratio prima of Rheticus. Second edition, revised. New York（Dover Publications）1959

3. 传记

Armitage, Angus: Copernicus. The Founder of Modern Astronomy. London 1938

Carrier, Martin: Nikolaus Kopernikus. München（C.H. Beck）2001

Prowe, Ludwig: Nicolaus Coppernicus. 2 Bde. Berlin 1883/

1884

Rosenberg, Bernhard-Maria: Nicolaus Copernicus, Domherr, Arzt, Astronom. Zürich/Frankfurt（Musterschmidt Göttingen）1973（In der Reihe Persönlichkeit und Geschichte Bd. 72）

Schmeidler, Felix: Nicolaus Kopernikus. Stuttgart（Wissenschaftliche Verlagsgesellschaft mbH）1970（In der Reihe Große Naturforscher Bd. 34）

Shea, William: Nikolaus Kopernikus. Heidelberg（Spektrum der Wissenschaft）2003

Thimm, Werner: Nicolaus Copernicus. Ein Bilderbogen zum 500. Geburtstag des großen Astronomen. Leer/Ostfriesland（Gerhard Rautenberg）1973

4. 关于哥白尼的思想史和科学史著作

Birkenmajer, L.A.: Mikolaj Kopernik jako uczony, twórca i obywatel（Nikolaus Kopernikus als Gelehrter, Autor und Bürger）Krakau 1923

Blumenberg, Hans: Die Genesis der kopernikanischen Welt. Frankfurt a.M.（Suhrkamp）1975

Bührke, Thomas: Sternstunden der Astronomie. München（C.H. Beck）2001

Crombie, Alistair C.: Von Augustinus bis Galilei. Die Emanzipation der Naturwissenschaft. München (dtv Wissenschaftliche Reihe) 1977 (Titel der englischen Originalausgabe: Augustine to Galileo, 1959)

Fölsing, Albrecht: Galileo Galilei. Prozeß ohne Ende. Eine Biographie. München (Piper) 1983

Hemleben, Johannes: Galileo Galilei (rowohlts monographien 156). Reinbek 1969

–: Johannes Kepler (rowohlts monographien 183). Reinbek 1971

–: Das haben wir nicht gewollt. Sinn und Tragik der Naturwissenschaft. Frankfurt a.M. (S. Fischer) 1981

Jammer, Max: Das Problem des Raumes. Die Entwicklung der Raumtheorien. Zweite, erweiterte Auflage. Darmstadt (Wissenschaftliche Buchgesellschaft) 1980

Koyré, Alexandre: Von der geschlossenen Welt zum unendlichen Universum. Frankfurt a.M. (Suhrkamp) 1969

Kuhn, Thomas S.: Die kopernikanische Revolution. Braunschweig/Wiesbaden (Vieweg) 1981 (Aus der Reihe Facetten der Physik Bd. 5) (Englische Originalausgabe: The Copernican Revolution. Planetary Astronomy in the Development of Western Thought, 1957)

Samburski, Shmuel (Hg.): Der Weg der Physik. 2500 Jahre

physikalischen Denkens. München (dtv) 1978

Singer, Dorothea Waley: Giordano Bruno, His Life and Thought. With Annotated Translation of His Work ‹On the Infinite Universe and Worlds›. New York (Schuman) 1950

Stern, Fred B.: Giordano Bruno – Vision einer Weitsicht. Meisenheim am Glan (Anton Hain) 1977

Yates, Frances A.: Giordano Bruno and the Hermetic Tradition. London (Routledge and Kegan Paul) 1964

5. 对哥白尼和哥白尼主义有重要贡献的自然哲学著作

Aveni, Anthony: Dialog mit den Sternen. Stuttgart (Klett-Cotta) 1995

Bavink, Bernhard: Ergebnisse und Probleme der Naturwissenschaften. Eine Einführung in die heutige Naturphilosophie. 8. Aufl. Leipzig (Hirzel) 1944

Bruno, Giordano: Das Aschermittwochsmahl. Übersetzt von Ferdinand Fellmann, mit einer Einleitung von Hans Blumenberg (Das Universum eines Ketzers). Frankfurt (sammlung insel) 1969

–: Zwiegespräche vom unendlichen All und den Welten.

Verdeutscht und erläutert von Ludwig Kuhlenbeck. Jena (Eugen Diederichs) 1904 (Reprint: Wissenschaftliche Buchgesellschaft, Darmstadt 1968) Beide Schriften sind erstmals 1584 erschienen.

–: 120 Thesen gegen die Peripatetiker über Natur und Welt (1586) Opera Latine I 1, S. 72ff. Stuttgart-Bad Cannstatt (Frommann und Holzboog) 1962

Galilei, Galileo: Dialog über die beiden hauptsächlichen Weltsysteme (1632). Übersetzt von Emil Strauß. Leipzig 1891. Reprint: Stuttgart (Teubner) 1982

Grossinger, Richard: Der Mensch, die Nacht und die Sterne. Die Kulturgeschichte der Menschheit im Angesicht des Sternenhimmels. München (Goldmann) 1988

Heimendahl, Eckart: Dialog des Abendlandes. Physik und Philosophie. München (List) 1966

Heisenberg, Werner: Das Naturbild der heutigen Physik. Hamburg 1955 (rowohlts deutsche enzyklopädie 8)

Kepler, Johannes: Weltharmonik (Harmonices Mundi 1619). Übersetzt von Max Caspar. 4. Aufl. München (Oldenbourg) 1982

–: Epitomes Astronomiae Copernicanae (1618–1621) (Grundriß der Kopernikanischen Astronomie). Hg. von Max Caspar. München (C.H. Beck) 1953

Kirchhoff, Jochen: Giordano Bruno (rowohlts monographien 285), Reinbek 1980

–: Was die Erde will. Mensch – Kosmos – Tiefenökologie. Bergisch Gladbach (Lübbe) 1998

–: Räume, Dimensionen, Weltmodelle. Impulse für eine andere Naturwissenschaft. München (Hugendubel/Diederichs) 1999

Krause, Helmut Friedrich W.: Vom Regenbogen und vom Gesetz der Schöpfung Bd. 1: Der Baustoff der Welt. Fürth-Erlangen 1970. Reprint: Der Baustoff der Welt. Von den bewohnten Gestirnen und der Ursache der Gravitation. Mit einem Vorwort von Jochen Kirchhoff und einem Gespräch mit Werner Heisenberg. Berlin (edition dionysos) 1991

Newton, Isaac: Mathematische Grundlagen der Naturphilosophie. Ausgewählt, übersetzt, eingeleitet und hg. von Ed Dellian. Hamburg (Felix Meiner) 1988

Theimer, Walter: Die Relativitätstheorie. Lehre–Wirkung–Kritik. Bern (Francke) 1977

Weizsäcker, Carl Friedrich von: Zum Weltbild der Physik. 3. Aufl. Leipzig (Hirzel) 1945

–: Die Einheit der Natur. Studien. München (Hanser) 1971

附录五
作者简介

约亨·基希霍夫生于1944年,是一名哲学家,曾在柏林洪堡大学工作多年。

他的著作众多:在《明镜》(*Der Spiegel*)、《星辰与太空》(*Sterne und Weltraum*)、《时空》(*Raum-zeit*)、《天国》(*Hagia Chora*)及《诺瓦利斯》(*Novalis*)等刊物上发表文章,出版了关于自然哲学、宇宙学和意识研究的书籍;著有关于乔尔丹诺·布鲁诺(Giordano Bruno,1980年)和弗里德里希·威廉·约瑟夫·谢林(Friedrich Wilhelm Joseph von Schelling,1982年)的专著,还有《地球想要什么?人类—宇宙—深层生态学》(*Was die Erde will. Mensch-Kosmos-Tiefenökologie*,四部曲,贝尔吉施格拉德巴赫,1998年,吕贝出版社)、《空间、维度、世界模型:对另一种自然科学的启示》(*Räume, Dimensionen, Weltmodelle. Impulse für eine andere Naturwissenschaft*,慕尼黑,1999

年，胡根杜贝尔/迪特里希斯出版社)、《不同的世界：接近现实》(*Die Anderswelt. Eine Annäherung an die Wirklichkeit*，克莱因·雅塞多，2002年，德拉亨出版社)、《大自然的救赎：人类宇宙形象的启示录》(*Die Erlösung der Natur. Impulse für ein kosmisches Menschbild*，克莱因·雅塞多，2004年，德拉亨出版社)和《宇宙纽带：自然、地球、宇宙和另一个世界——人类及其对整体的意义》(*Das kosmische Band. Natur, Erde, Kosmos und die Anderswelt. Der Mensch und seine Bedeutung für das Ganze*，克莱因·雅塞多，2010年，德拉亨出版社)。